SAFETY MANAGEMENT FOR CHILDREN

아동안전관리

이혜정·임미혜 공저

양성원

머리말

안전교육이란 단 1회의 교육실시 여부에 의해서도 생존과 사망을 결정지을 수 있는 특성을 지니고 있다. 생존과 사망의 갈림길에서 안전교육은 영유아의 생명을 보존하는 데 절대적이다. 특히, 영유아는 예측하지 못한 순간에 안전사고가 일어나고 자칫하면 큰 사고로 이어지기 때문에 매우 중요하다. 즉, 영유아는 주변 환경에 관심이 많고 탐구력이 증가하는 시기이며, 신체적으로 위험한 상황에 노출될 확률이 높을 뿐만 아니라 위험한 상황에 대한 판단력의 저하로 안전사고의 위험성이 높다.

한편, 유아교육기관의 시설과 설비는 우선적으로 안전이 고려되어야 하며 무엇보다도 유아의 연령, 신체 크기, 능력 등의 발달수준을 고려하여 설치하여야 한다. 안전한 설비만 중요한 것이 아니라 안전에 대해 교사들이 올바른 인식을 갖고 빈번하게 발생하는 안전사고의 원인을 파악하여 사고요인을 제거하며, 사고 발생 시 피해 규모를 줄이기 위한 단계적인 대처방안을 지속적으로 점검해야 한다.

또한, 유아교육기관에서 이루어지는 안전교육은 교사의 역할이 매우 중요하다. 안전교육은 단순한 지식 전달에 그쳐서는 안되며, 유아들 스스로 사고나 위험한 상황을 파악하고 그러한 상황에 처하게 되었을 때 침착하고 적절하게 대처할 수 있는 능력을 갖출 수 있어야 한다. 이러한 안전교육은 일관성 있게 지속적으로 발달에 맞는 교육이 이루어져야 할 것이다.

제1부에서는 안전교육의 중요성(1장)과 안전교육에 대한 이론(2장), 유아의 발달 특성 및 안전사고 유형(3장), 유아교육기관에서의 안전관리(4장)와 안전교육의 목표 및 정책(5장), 안전교육 내용 및 지도방법(6장)에 대해 알아보았다. 제2부에서는 안전교육 영역을 바탕으로 생활안전(7장), 놀이 • 운동안전(8장), 교통안전(9장), 화재안전(10장), 재난안전(11장), 약물안전(12장), 신변안전(13장), 환경안전(14장), 동 • 식물안전(15장), 미디어안전(16장)과 응급처치(17장)에 대해 알아보았다.

이 책은 예비 유아교사와 유아교육기관의 교사, 그리고 영유아를 위한 것이다. 부족함이 낳은 이 책이 영유아교육 현장과 영유아의 안전에 도움이 되길 바라며 부족한 내용은 지속적으로 수정 • 보완해 나갈 계획이다. 이 책이 나오기까지 도움을 주신 양성원 대표님과 임직원분들께 감사드린다.

2016년 8월

저자 일동

차례

PART 01

안전교육에 대한 이해

진단평가					
1. 나는 안전에 관심을 가지고 있다.	①	②	③	④	⑤
2. 나는 안전을 위해 시설이나 설비를 정기적으로 점검할 수 있다.	①	②	③	④	⑤
3. 나는 영유아 연령별로 안전교육 내용을 계획할 수 있다.	①	②	③	④	⑤
4. 나는 다양한 안전교육을 실행할 수 있다.	①	②	③	④	⑤
5. 나는 소방서 등 관련 기관과 비상연락망을 구축할 수 있다.	①	②	③	④	⑤
6. 나는 관련 기관에서 실시하는 안전교육에 참여하여 습득한 지식을 상황 발생 시 적용할 수 있다.	①	②	③	④	⑤

Chapter 01

안전교육의 중요성

1. 안전교육의 개념
2. 안전교육의 중요성
3. 안전교육의 현황

학습 목표

1. 안전교육의 중요성을 설명할 수 있다.
2. 안전교육의 필요성을 설명할 수 있다.

의학의 발달로 인간의 수명이 연장되고 질병에 의한 사망률이 감소하고 있는 시대임에도 불구하고 불의의 사고로 인한 사망이나 장애는 꾸준히 증가하고 있다. 안전(safety)이란 우리의 삶 속에서 누구에게나 중요하고 꼭 필요한 부분임에도 불구하고 안전에 대한 불감증으로 인하여 일상생활 속에서 정신적 또는 신체적 위험을 초래하기도 한다.

영유아는 한 사회의 구성원으로 건강하게 자라날 권리를 가진다. 따라서 인간의 출생 전 태아기부터 생을 마감할 때까지 안전에 대해 지속적으로 관심을 가져야 할 필요가 있다. 이에 교육부에서도 안전에 대한 관심이 많아져 예비 유아교사를 대상으로 안전에 대한 교육을 필수로 이수하도록 제시하고 있다.

1 안전교육의 개념

안전이란 매우 다양하게 정의되고 있다. 안전에 대한 사전적 의미를 살펴보면 '편안하고 온전함', '조금도 탈이 없는 상태'이다. 이는 정서적으로나 신체적으로 안전하며 질서가 유지되는 상태를 의미한다.

안전은 인간의 가장 기본적인 욕구 중 하나이고, 이 욕구를 만족시키고자 하는 노력은 인간이면 누구나 가지고 있는 본능이다. 특히 매슬로(Maslow, 1987)는 인간의 욕구 5단계 중 생리적인 욕구와 안전의 욕구를 가장 기본적인 욕구로 보았으며, 상위 개념인 자아실현의 욕구가 충족되기 위해서는 기본적인 안전의 욕구가 충족되어야 한다고 하였다. 따라서 영유아에게 있어 안전이란 안전한 환경이 우선되어야 하며, 유아를 보호할 수 있는 환경을 준비할(안전관리) 필요가 있다. 이는 가정이나 유아교육기관에서 부모와 교사의 역할이라 할 수 있으며 안전한 생활을 위하여 영유아로 하여금 안전한 행동을 몸에 익히게 하는 교육(안전지도)을 통해 이루어질 수 있다.

안전교육이란 교육을 통해 일상생활에서 개인 및 집단의 안전에 필요한 지식, 기술, 태도를 익히게 하고, 자신과 타인의 생명을 존중하며, 안전하고 건강한 생활을 영위할 수 있는 습관을 육성하는 것이다(임변희, 2002). 이러한 교육을 통해 궁극적으로 자신에 대한 보호, 자기방어 및 적절한 대처, 안전 지식교육 및 위험요소를 인지하고 안전하게 생활할 수 있는 기술 및 태도를 갖는 것이 필요하다.

영유아기의 안전에 대해 지식, 기술, 태도로 나누어 보면, 첫째, 안전 지식은 안전한 상황을 이해하고 기본적인 안전 규칙과 안전한 상황에 대한 특징 및 위험성에 대해 아는 것이라 할 수 있다. 안전 기술은 안전에 대한 능력을 기르는 것으로 안전한 상황에 대한 정보를 통해 위험상황에 대처하는 것이다. 안전 태도는 자기 통제력으로 기본적인 지식과 기술을 바탕으로 안전하게 행동할 수 있는 능력을 습관화하는 것이라 할 수 있다. 예를 들어, 교통안전 표지판을 이해하고 신호등의 빨간불과 초록불에 대해 아는 것이 안전 지식에 해당하며 횡단보도에서 좌우를 살피고 초록불에 건너는 것을 안전 기술이라 할 수 있다. 이러한 지식과 기술을 바탕으로 자신이 하고 싶은 행동을 하는 것이 아니라 자신이 알고 있는 안전 지식과 기술을 적절히 사용하는 것이 안전에 대한 태도라 할 수 있다.

안전교육이 영유아에게 효과적이기 위해서는 단순히 지식을 전달하는 데 그치는 것이 이니라 안전에 대한 개념을 바탕으로 해야 한다. 영유아로 하여금 안전생활이 습관화될 수 있도록 지속적인 교육을 시킬 때만이 그 효과를 나타낼 수 있다. 따라서 안전교육은 실천이 동반되어야 함을 기억하고 안전교육에 대해 계획하고 실행해야 한다.

2 안전교육의 중요성

안전은 자신뿐만 아니라 타인의 위험까지도 인식하고 모든 위험을 최소화하는 것으로, 타인의 배려에서 시작한다. 하인리히(Heinrich, 1980)에 의하면 일반적으로 사고의 88%는 인적 요인에 의한 것이며, 10%는 불안전한 물리적 요인에 의한 것이고, 2%만이 불가항력으로 일어날 수밖에 없는 사고이다. 이에 대부분의 인적 요인에 의한 부분은 미연에 방지하거나 동일한 사고가 일어나지 않게 하기 위해 위험요소를 미리 발견하고 제거하는 것이 필요하다고 하였다.

영유아기는 발달상 성인에 비해 안전사고에 취약하여 안전사고의 확률이 매우 높다. 영유아 안전사고의 일반적 원인을 살펴보면, 영유아의 발달적 특성으로 불안정한 자세와 인지수준, 신체발달의 미숙에도 불구하고 주변 사물이나 환경에 대한 호기심이 높으며 탐구하려는 욕구로 인해 많은 위험에 노출되어 있는 것이다. 특히, 영유아 시기에 발생하는 사고는 상해의 정도가 일생 동안 남기 때문에 개인, 국가, 사회 및 의료 전반에 걸쳐 손실 정도가 매우 크다. 그러나 영유아기에 일어나는 안전사고는 불가항력적인 것이 아니라 사전 조치나 교육을 통하여 충분히 예방할 수 있다는 것을 기억해야 한다.

영유아를 위한 안전교육은 영유아 스스로 위험으로부터 자신을 보호할 수 있는 안전에 대한 지식, 기술, 태도를 익히게 하여 건강한 생활을 할 수 있도록 도와주는 교육으로, 궁극적으로는 개인에 대한 보호뿐 아니라 타인의 생명을 존중하는 인간생명의 존엄성을 인식시키는 교육이다(이영희, 2004).

이를 위해 아동복지법 제9조(아동의 건강 및 안전)에서는 '아동복지시설, 영유아 보육시설과 유치원의 장은 대통령령이 정하는 바에 따라 교통안전, 실종 · 유괴의 예방과 방지, 약물 오 · 남용 예방, 재난 대비 안전 및 성폭력 예방교육을 실시하여야 한다.'라고 명시하고 있다. 유아교육기관은 영유아에게 놀이안전, 교통안전, 화재안전, 동 · 식물에 대한 안전, 환경안전 등에 대한 교육을 실시할 수 있는 자연스러운 환경이기 때문이다.

이뿐만 아니라 이 시기의 영유아는 주변 환경이나 대상에 의해 안전하고 건강한 생활태도와 습관의 기초를 형성하는 시기라는 점을 고려해야 한다. 즉 유아기는 안전교육을 실시할 수 있는 가장 효과적인 시기라고 볼 수 있다. 중요한 것은 안전에 대한 의식이 단기보다는 장기적으로 형성되기 때문에 영유아기부터 체계적인 안전교육을 실시하는 것이 중요하다는 것을 잊지 말아야 한다.

따라서 유아교육기관의 목표인 영유아의 전인적 성장 · 발달을 위해 우선적으로 교사는 영유아가 안전하고 건강하게 성장 · 발달할 수 있도록 안전한 환경을 제공하고 더 나아가 사고를 미연에 방지할 수 있도록 영유아에게 안전에 대한 올바른 지식과 기술, 태도를 강조하는 안전교육을 실시해야 한다.

3 안전교육의 현황

2016년 보건복지부 포럼 자료에 따르면, 안전사고 사망률은 아동 인구 2006년 이후 10만 명당 7.14명에서 2.93명으로 2.4배가량으로 줄어들었지만, 선진국과는 달리 영유아 안전사고 발생률은 오히려 증가하고 있는 것으로 나타났다. 영유아기 안전사고에 대한 데이터를 살펴보면 다음 〈표 1-1〉과 같다.

표 1-1 아동손상 발생규모(2006~2014년)

연령	전체(2006~2014년)				2014년		
	전체 발생건수	비중 (%)	1세당 발생총수 (건)	연평균 1세당 발생건수	연령구간별 인구수 (명)	발생건수	인구 십만 명당 발생률 (건)
전체	548,742	100.0	30,486	3,387	9,297,603	69,817	751
0	14,411	2.6	14,411	1,601	420,635	1,340	319
1~5	151,559	27.6	30,312	3,368	2,334,129	21,242	909
6~12	173,075	31.5	24,725	2,747	3,354,533	20,128	601
13~17	209,697	38.2	41,939	4,660	3,188,306	27,107	843

자료 : 한국보건사회연구원(2015). 『구급기반 아동손상데이터』 분석결과.

2006~2014년까지 전체 119 구급이송건수는 1,281만 7,004이었다. 그 중 표에 나타난 것과 같이 0~17세 아동 손상건수는 54만 8,742건(9.2%)으로 연평균 6만 건의 규모이다(표 1-1).

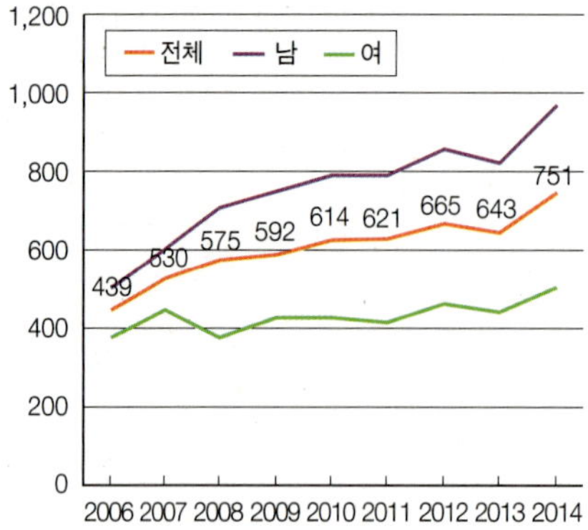

그림 1-1 성별 아동손상률

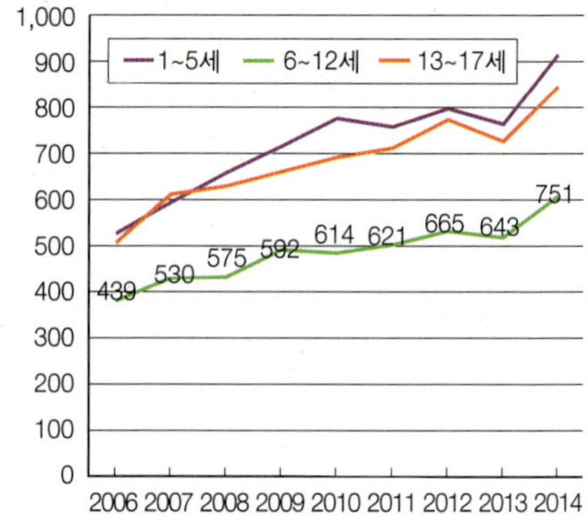

그림 1-2 연령별 아동손상률

자료 : 한국보건사회연구원(2015). 『구급기반 아동손상데이터』 분석결과.

한국보건사회연구원(2015)에 의하면 안전사고에 있어 성별의 발생률은 여자에 비해 남자의 발생 증가 폭이 커 성별의 격차가 벌어지고 있는 것을 볼 수 있으며(그림 1-1), 연령별 아동 손상률은 모든 연령대에서 발생률이 증가 추세에 있으나, 1~5세, 13~17세 구간의 증가폭이 더 커서, 영유아와 청소년이 아동안전사고 손상의 고위험군임을 알 수 있다(그림 1-2).

안전사고의 발생장소는 집, 주택가가 38.7%로 가장 비율이 높았으며, 도로 및 교통지역이 30.3%, 학교/교육시설이 8.2%였다(그림 1-3). 이 그래프를 통해 대부분의 안전사고는 아동의 생활환경 주변에서 발생함을 알 수 있다. 아울러 집의 경우 안

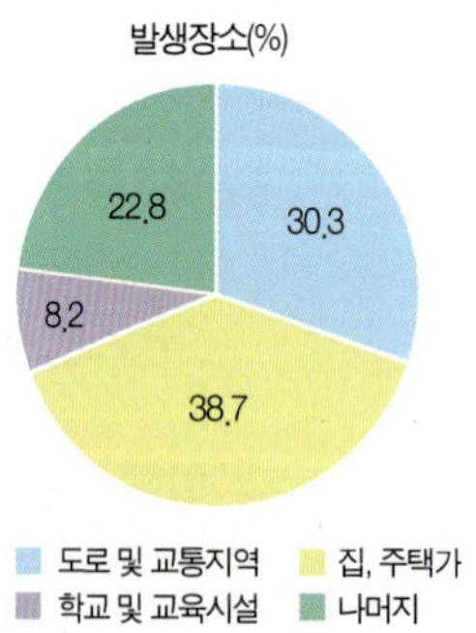

그림 1-3 아동손상 발생장소 분포

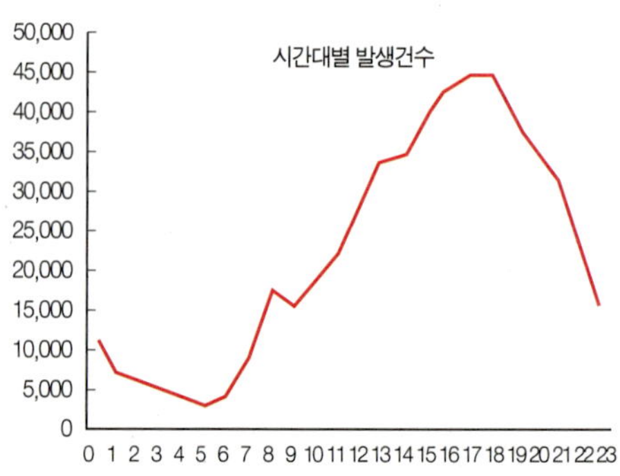

그림 1-4 시간대별 아동손상 건수

자료 : 한국보건사회연구원(2015). 『구급기반 아동손상데이터』 분석결과.

전사고 발생의 중심이라 할 만큼 비중이 높기 때문에 안전교육은 부모에게도 필요하며, 집안뿐만 아니라 영유아 주변의 위험성에 대한 교육 및 홍보가 필요하다고 할 수 있다.

아동손상 발생건수의 일중 변동은 7시부터 점차 증가하여 17~21시에 가장 높았다가 다시 감소하는 추세로, 주로 영유아와 청소년의 활동하는 시간이 반영되는 것이라고 할 수 있다.

이러한 안전사고는 가정이나 유아교육기관의 안전하지 못한 환경구성, 부모와 교사의 안전에 대한 안일한 태도와 지도 소홀, 그리고 안전에 대한 영유아들의 불충분한 지식과 부적절한 태도로 인한 것이 중요한 요인이 될 수 있다.

Chapter 02

안전교육의 이론

1. 생태학적 요인
2. 하인리히의 도미노이론
3. 버드의 사고연쇄반응이론
4. 그린의 PRECEDE 모형

학습 목표

1. 안전사고의 이론을 통해 안전사고에 대비할 수 있다.
2. 안전사고이론들을 바탕으로 안전교육을 할 수 있다.

우리나라의 최근 10년간 교통사고의 통계를 분석한 결과, 1회의 사망사고가 일어나기 전, 35~40회 정도의 중 · 경상사고가 발생했으며, 수백 건의 위험한 교통법규 위반사례가 적발되었던 것을 발견하였다. 이 통계결과를 살펴보았을 때 일반적으로 사고는 경미한 사고들을 통해 감지할 수 있음을 알 수 있으며, 안전사고를 예방하기 위해서는 이러한 작은 사고에도 철저히 대응하고, 앞서 수많은 이상 징후들을 놓치지 않는 것이 중요하다.

1 생태학적 요인

안전사고의 원인을 예방하기 위한 문제를 생각할 때 우선 사고의 원인을 규명하고 이를 제거하기 위해 노력해야 한다는 사실은 일반적인 논리이다.

그러나 어떤 사고도 하나의 원인에 의해서만 발생하는 일은 거의 없고, 다양하고 복합적인 원인이 서로 연관되어 예상치 못했던 사고가 발생하는 것이다. 사고의 원인을 사고가 발생하는 요인을 중심으로 나누어 본다면 크게 인적 요인, 물리적 요인, 환경적 요인으로 구분된다. 이 세 가지의 요인이 평형을 이루었을 때는 안전한 상태이지만 인적 요인, 물리적 요인, 환경적 요인이 어긋날 경우 안전사고의 위험도가 높아진다.

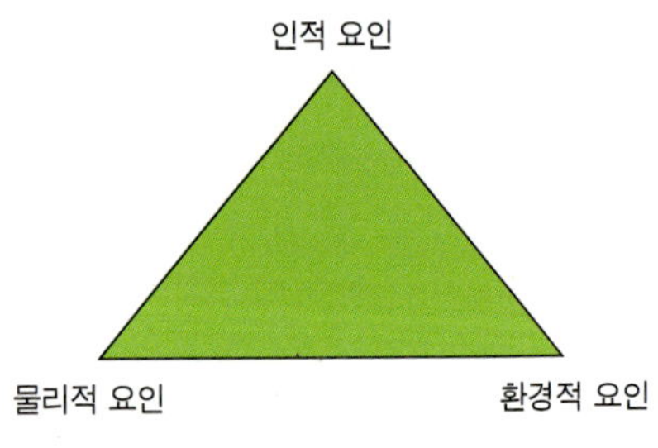

그림 2-1 사고가 발생하는 요인

1) 인적 요인

안전사고의 일차적 원인은 인적 요인으로 사람이다. 이는 사고상황에 이르게 한 사람의 행동을 의미하는 것으로, 사람과 관련되어 일어나는 모든 사고를 의미한다. 또한 인적 요인은 교재교구 외에도 PC, 전자기기 등의 기술을 조작하는 과정에서

드러나는 안전에 대한 지식, 기술, 태도와 관련이 있다. 따라서 인적 요인에 의한 안전사고를 예방하기 위해서는 영유아 사고에 대한 개인의 안전의식이나 지식, 기술, 태도를 향상시킬 필요가 있다.

2) 물리적 요인

장비나 물건의 결함에 의해 발생하는 것을 의미하는 것으로, 자전거의 브레이크 고장이나 안전수칙을 지키지 않고 제작된 놀이기구, 문제가 있는 놀잇감 등이 물리적 요인에 포함된다. 이러한 물리적 요인에 의한 사고를 예방하기 위해서는 물건을 만드는 사람들의 안전에 대한 지식과 태도가 우선되어야 하며, 기술적으로는 기계적 제작 기술을 증진시키고 제작과정을 정교화하고 상품의 품질을 엄격하게 관리할 필요가 있다.

3) 환경적 요인

다양한 환경요인으로 영유아 주변에서 일어나는 요인을 의미한다. 자전거도로와 자동차도로의 엄격하지 않은 구분, 난간이 설치되지 않은 계단 등과 같이 우리 생활 속에서 일어나는 사고의 원인은 다양하다. 환경적 요인에 의한 사고를 예방하기 위해서는 영유아 주변환경에서 일어날 수 있는 위험요인을 찾아내어 환경을 개선하거나 법적인 조치나 규제를 강화할 필요가 있다.

2 하인리히의 도미노이론

미국의 보험회사에서 일어나는 5,000여 건의 사고를 분석해본 결과 한 번의 대형사고가 발생하기 전, 큰 사고에 대한 경고 차원의 소형사고가 29건 일어나고, 소형사고가 발생하기 전에는 300건의 사소한 증상이 나타난다는 사실을 밝혀낼 수 있었다. 이러한 내용을 밝힌 하인리히(H. W. Heinrich)는 '1 : 29 : 300'의 하인리히 법칙을 만들었다. 하인리히가 만든 도미노이론은 안전사고에 의한 재해 발생과 예방에 관한 최초의 이론으로, 도미노(domino)가 하나만 쓰러져도 모든 도미노 판이 쓰러지듯이 재해 발생도 여러 원인들이 연쇄적으로 발생하여 재해로 이어진다는 것을 전제로 하고 있다. 하인리히는 5개 도미노는 '사회적 환경 및 유전적 요소', '후천적 개인의 결함', '불안전 행동 및 불안전 상태', 그리고 '사고'와 '재해'이다.

그림 2-2 하인리히의 재해사고 발생 5단계

하인리히의 재해사고 발생의 5단계를 살펴보면 다음과 같다.

1) 사회적 환경 및 유전적 요소

유전적 성향이나 자신이 처한 환경이 바람직하지 않을 때에는 가정에 대한 태도, 사회에 대한 태도, 공중 도덕심, 준법정신에 있어 바람직하지 못한 상황을 만들 수 있다.

2) 후천적 개인의 결함

후천적으로 길러진 좋지 않은 성향이나 사고로 인한 장애를 후천적 개인의 결함이라 한다. 또한 안전에 대한 지식 부족, 기술 부족, 안전에 대한 부적절한 태도는 안전사고의 원인이 될 수 있다.

3) 불안전 행동 및 불안전 상태

위험한 도구 및 기계, 손잡이 없는 계단, 높은 장소 등과 같이 안전하지 못한 환경은 안전하지 못한 행동과 결합되어 사고를 유발한다. 즉, 다양한 안전수칙 불이행, 위험한 장소의 접근, 도구의 잘못된 사용, 불안전한 자세 등으로 볼 수 있다.

4) 사고

불안전한 환경과 행동의 결합으로 나타나는 상태, 즉 재해를 유발하는 것이다.

5) 재해

사고로 인해 신체나 정신적으로 문제가 일어난 상태이다.

이상의 5단계의 각 요소는 상호 밀접한 관련을 가지고 일렬로 나란히 서기 때문에 한쪽이 쓰러지게 되면 연쇄적으로 모두 쓰러지게 된다. 즉, 사고 발생은 선행요인에 의해서 일어나고 이들 요인이 겹쳐서 연쇄적으로 일어난다.

그러나 도미노이론에서는 도미노가 중간에 하나만 비어 있어도 이후에는 넘어지지 않는다. 재해가 일어나는 다섯 가지의 원인 중 한 가지 원인만 제거해도 재해를 예방할 수 있는 것이다.

그림 2-3 불안전 행동 및 상태 제거

이에 하인리히는 다섯 가지 원인 중 세 번째인 불안전한 행동이나 상태를 제거 가능한 요인이라고 주장하였다. 대부분의 사고는 불안전 행동과 불안전 상태가 직접적인 원인이라고 본 것이다. 세 번째의 불안전한 행동은 사람의 실수이므로 안전에 대한 지식, 기술, 태도를 길러줌으로써 사고를 예방할 수 있다는 것이다. 또한 불안전한 상태인 안전요소를 안전한 상태로 고쳐놓을 경우에도 사고를 줄일 수 있다. 즉, '불안전한 행동'과 '불안전한 상태'를 제거하면 비록 사회적 환경 및 유전적 요소나 개인적인 결함이 있어도 사고를 줄일 수 있는 것이다.

3 버드의 사고연쇄반응이론

버드(F. Bird)는 재해의 직접 원인인 불안전한 행동과 불안전한 상태를 제거하는 것만으로는 사고 및 재해 발생 예방에 한계가 있다고 보았다. 이에 안전사고의 원인으로 4M(Man : 사람요인 , Machine : 도구와 기계의 고장 및 물리적 요인, Media : 정보, 방법, 환경 등의 요인, Management : 관리상의 요인)을 제시하였으며 이를 제거해야 사고 및 재해를 줄일 수 있다고 하였다.

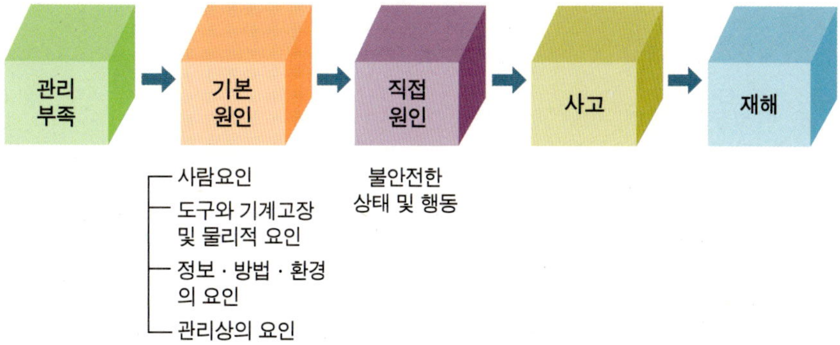

그림 2-4 버드의 재해 발생 5단계

버드가 제시한 재해 발생의 5단계에 대해 살펴보면 다음과 같다.

1) 관리 부족

어떠한 상황이든지, 계획, 조직, 지도, 통제가 필요하며 관리 부족은 계획, 조직, 지도, 통제 부분에서 어느 한 부분의 부족을 의미한다.

2) 기본 원인

개인적 원인으로 안전에 대한 지식의 부족, 물리적 요인에 대한 관리 부족, 안전장치의 결함, 부적절한 기준 등으로 안전사고의 간접적인 요인이 된다.

3) 직접 원인

불안전한 행동이나 불안전한 상태로 직접적인 안전사고의 원인이 되는 요인이다.

4) 사고

사고란 신체적 · 정신적인 손상, 상해, 재해의 상태로 넘어가는 단계라 할 수 있다.

5) 재해

사고로 인한 상해이다.

4 그린의 PRECEDE 모형

그린(Green)의 PRECEDE는 안전증진의 계획과 수행 및 평가를 위한 모형으로 제시된 것으로 5단계로 이루어져 있으며 안전에 대한 전체적인 측면을 다룬 모형이라 할 수 있다(박희정, 2002).

그림 2-5 PRECEDE 5단계 모형

1) 사회적 진단

교육대상자가 안전사고 방지를 위해 필요하거나 안전에 방해가 되는 요인을 규명하는 과정이다. 이 단계에서는 안전사고에 영향을 미치는 요인을 주관적 또는 객관적으로 알아보는 것으로서 객관적 진단으로는 안전에 관련된 사회적 지표, 주관적 진단으로는 부모나 교사의 견해를 토대로 안전에 대한 문제점을 알아본다.

2) 역사적 진단

확인된 안전문제에 있어 우선순위를 정하고, 우선순위가 높은 안전사고 위험을 개선 또는 해결하는 단계이다. 이 단계의 목적은 안전사고 중 사고의 크기, 빈도, 중요도 및 변화 가능성 등의 요인들을 고려하여 중요도와 우선순위를 결정한다.

3) 행동적 진단

사회적 · 역사적 진단으로 규명된 문제와 관련된 습관과 생활양식에 대한 진단이다. 안전사고의 원인이 되는 구체적 행위요인이 무엇인가를 파악한다. 특히, 안전문제에 관련된 영유아들의 위험요인, 행위요인에 영향을 받는 빈도를 고려하고 안전사고에 영향을 미치는 요인을 결정한다.

4) 교육적 진단

안전에 관련된 행동, 생활양식 그리고 환경에 영향을 미치는 요인들 가운데서 안전에 대한 행동목표에 대하여 교육을 통해 대비하는 단계이다.

5) 행정적 진단

안전교육에 필요한 시간과 자원, 인력을 조사하고 실행 가능한 프로그램의 목표와 범주를 결정하며 중재를 위한 구체적인 전략을 세운다. 이를 통해 안전에 대한 프로그램의 기획, 과정, 효과, 결과 등의 평가 기준을 설정하고 평가계획을 작성한다.

Chapter 03

발달특성 및 안전사고 유형

1. 신체적 발달특성 및 발달단계 이론
2. 안전사고 유형

학습목표

1. 발달단계에 따라 안전교육을 할 수 있다.
2. 발달단계에 따라 안전사고 유형을 알고 방지할 수 있다.

성인에 비해 영유아기의 안전사고는 발달특성과 밀접한 관련이 있으며, 연령이 낮을수록 안전사고 발생률이 높다. 즉, 영유아는 주변 환경이나 사물, 사람에 대한 호기심이 많은 반면, 주의력이나 판단력, 신체운동능력은 미성숙하기 때문에 위험을 인지하거나 대처능력은 부족하여 안전사고 발생 가능성이 높다. 따라서 교사는 영유아의 발달특성에 따른 잠재적 위험요소나 상황을 인식하여 영유아들에게 안전한 환경을 제공하고 그에 맞는 안전교육을 실시하기 위해 영유아의 발달적 특성 및 안전문제에 대한 이해가 필요하다.

1 신체적 발달특성 및 발달단계 이론

1) 영아기(0~2세)의 발달특성

출생에서 만 1세까지의 영아기에는 출생 시 가지고 태어나는 다양한 반사운동능력이 사라지면서 신체운동능력으로 발달하는 시기이다. 그리하여 신체 협응력이 발달하고 고개 들기, 기기, 앉기, 붙잡고 서기, 혼자 서기 등의 걷기를 위한 기본 이행운동능력도 급속도로 발달하게 된다. 성장하면서 머리 부분이 전체 신체에서 차지하는 비율이 줄기는 하지만 영아기에는 머리가 크고 무거워 신체적 불균형으로 인해 이행운동과정에서 빈번히 넘어지고 부딪치는 사고가 많기 때문에 머리를 보호하는 것이 중요하다.

만 1~2세의 걸음마기 영아들은 보행이 가능해지고 신체조정능력이 발달하면서 주변 환경에 대한 탐색 범위가 넓어져 안전사고의 위험도 높아진다. 즉, 걸음마기에는 활동의 범위가 넓어지면서 호기심이 증가하게 되고 새로운 것에 대한 도전과 시도는 증가하는 반면 여전히 주변 환경의 잠재적 위험을 인지하는 능력은 부족하여 사고의 위험이 높아진다. 이와 같이 걸음마기 영아들은 새로운 환경에 대한 호기심과 탐색이 왕성하여 높은 곳에 올라가다 추락사가 발생하기도 하고, 약품이나 세제 등의 위험물질을 마시거나 흡입하는 사고가 발생하기도 한다.

한편, 이행운동의 발달과 더불어 소근육기능과 인지가 발달하면서 영아기에 비해 놀이가 현저하게 발달한다. 이 시기 영아는 퍼즐이나 블록 조각을 끼워 넣거나 담거나 맞추는 등 사물 간의 관계성과 기능성을 놀이에 반영하면서 서서히 목표지향적인 놀이를 발달시켜간다. 놀이가 목표지향적이 되면서 놀이 중에 새로운 행동을 시도하려 하고, 사물의 다른 측면을 탐색하려고 시도하면서 놀이 중에 사고가 많이 발생하게 된다.

그러므로 걸음마기는 완전한 의존적 존재에서 서서히 독립적인 존재로 이행해 가는 과도기적인 시기로서 무엇이 위험한지를 행동이나 체험(예 : 뜨거운 물)을 통하여 가르치는 등 적절한 안전교육이 필요한 시기이다(이기숙 외, 2002). 영아기 발달특성에 대한 이론은 다음과 같다.

(1) 피아제

✻ 감각운동기(0~2세)

영아기 행동은 자극에 대한 반응으로, 자극은 감각이고 반응은 운동이라고 볼 수 있다. 영아기는 감각을 통해 획득한 정보를 조직하고, 환경적 자극에 반응함으로써 인지적 기능의 발달을 도모한다. 영아기의 인지발달은 감각과 운동에 의존하고 있으며, 단순한 반사행동에서 복잡한 감각적 행동으로, 그리고 동작적 행동으로 발달해 나가는 특징을 갖는다. 감각운동기에는 적극적으로 놀이에 참여하고 탐색하는 과정을 경험하지만 사물을 자세히 관찰하는 능력이 부족하여 전체 모습을 파악하기보다는 부분적으로 보거나, 먼저 눈에 띄는 것에 끌리기 쉽다.

(2) 프로이트

✻ 구강기

주된 성감대는 구강(입, 혀, 입술 등)으로, 영아는 처음에는 빠는 것으로부터 치아가 나고 나면 무는 것으로 쾌락을 얻으며, 만족과 쾌감을 주는 인물이나 대상에 애착을 갖는다. 만일 이 시기에 욕구를 제대로 충족하지 못하거나 과잉 충족되면 의존적이고 유아적인 성격이 발달된다. 리비도가 입에 집중되어 있으며 입을 통해 만족을 추구한다.

✲ 항문기

항문기(anal stage)라 불리는 두 번째 단계는 1세 이후부터 약 3세까지의 시기로, 이 시기에는 용변을 참고 있거나 배변하는 데서 쾌감을 얻는다. 이 시기에 일반적으로 대소변 가리기 훈련이 시작되는데, 이때 영아는 처음으로 본능적 충동을 외부로부터 통제받는 경험을 하게 되며, 양육자의 훈련태도와 방식이 이후의 성격 형성에 중요한 역할을 한다. 만일 이 시기에 욕구가 제대로 충족되지 못하거나 과잉 충족되면 지나치게 깔끔하거나 반대로 더러운 성향이 되기도 한다.

(3) 에릭슨

✲ 신뢰감 대 불신감

영아와 처음으로 사회적 관계를 맺는 어머니가 영아의 신체적 · 심리적 욕구와 필요들을 민감하게 감지하여 적절히 충족시켜 주면, 영아는 주 양육자를 신뢰하게 된다. 이러한 경험이 반복되면, 영아는 자기 자신을 포함한 주위의 모든 사람들에게 신뢰감을 갖게 된다. 반대로 주 양육자와의 부정적인 관계는 외부세계, 환경에 대해서 불신감을 갖게 하며 이후 발달에 지장을 가져온다. 에릭슨은 이 시기를 인생에서 가장 중요한 시기로 보았는데, 이때 형성되는 신뢰감이 이후의 사회관계에서의 성공적인 적응과 밀접한 관련이 있기 때문이다. 점차 출생 직후 가진 본능적 반사능력이 사라지면서 영아는 신체활용능력이 발달하기 시작함과 동시에 양육자에게 전적으로 자신의 안전을 의지한다.

2) 유아기(만 3~5세)의 신체적 발달특성

유아기에 접어들면 대근육발달과 동시에 소근육이 보다 정교하게 발달하며, 신체 균형 유지, 신체 각 부분의 협응력 및 공간 지각력 등 기본적인 신체조절능력이 발달하게 된다. 유아기에 향상되는 신체조절능력의 발달은 유아의 자기 인식을 발달시키는 데 있어서 매우 중요한 역할을 한다. 첫째, 신체적 안정성이 발달하는 시기이다. 신체적 안정성이란 신체 각 부분을 효율적으로 움직이고 바른 자세를 형성하며, 균형을 유지하는 능력을 의미한다. 유아의 신체적 안정성을 발달시키기 위해서는 기본 운동능력을 증진시킬 수 있는 적절한 활동을 제공해야 한다. 둘째, 이동능력이 발달하는 시기이다. 걷기, 뛰기, 달리기, 뛰어오르기, 멀리뛰기 등의 이동운동능력이 정교하게 발달하는 시기이다. 셋째, 조작적 능력이 발달하는 시기이다. 유아는 주변의 다양한 사물과 물체들의 특성에 따라 굴리기, 던지기, 끼우기, 두드리기 등의 다양한 조절방법을 배우게 된다.

이러한 발달에도 불구하고 신체적 미숙함으로 인하여 순간적으로 안전사고가 발생할 수 있으므로 안전교육이 이루어질 필요가 있다. 유아기 발달특성에 대한 이론은 다음과 같다.

(1) 피아제

✲ 전조작기 단계

전조작기 단계의 특징으로 자기 중심적 사고, 미숙한 보존개념, 변환적 추론, 비가역성 등이 있다. 이와 함께 언어나 그림 등을 통한 상징적 사고가 가능해지고 보다 효율적으로 상호작용할 수 있게 된다. 그럼에도 불구하고 전조작기의 대표되는 특징을 정리하면 다음과 같다.

첫째, 모든 사물과 상황을 자신의 관점에서 파악하려는 자기 중심적인 사고를 갖는다. 그래서 유아는 자신이 보는 방식대로 다른 사람들도 세상을 보고 있다고 생각하기 때문에 위험한 상황에서 전체적인 판단이 불가능하여 안전사고의 위험에 노출되기 쉽다.

둘째, 유아가 자신이 지각하는 한 가지 특정 요소에만 집중하는 중심화의 개념이다. 유아가 자신이 관심을 가진 것에만 집중되어 있을 경우 위험한 상황을 지각하지 못하는 경우가 발생한다. 예를 들면, 길거리에서 놀이에 열중하여 자동차의 경적 소리를 듣지 못하여 사고가 발생하기도 한다.

셋째, 사물이나 사건의 현상을 원래의 상태로 되돌려 생각하지 못하는 비가역성이다. 사고의 비가역성은 보존개념의 미발달, 중심화, 자기 중심성과 관련이 있다. 사고의 비가역성으로 인해 유아들이 유사한 상황에 대한 사고에 대해서도 대처하는 것은 쉽지 않다.

(2) 프로이트

✲ 남근기

유아기에는 주된 리비도가 성기에 머무른다. 이 시기 중요한 특징으로는 이성의 부모에게 성적인 애정을 느끼는 오이디푸스 콤플렉스(Oedipus Complex)를 들 수 있다. 어머니를 향한 남아의 애정은 아버지를 경쟁자로 인식하게 하고, 유아는 자기보다 힘이 센 아버지가 자기를 해칠 것이라는 상상을 하게 된다. 이러한 상상은 성기가 제거당할 것이라는 공포, 즉 거세불안을 유발하는데, 이로부터 벗어나기 위해 유아는 아버지에 대한 적대감을 억압하고 아버지를 동일시의 대상으로 삼는다. 이러한 동일시를 통해 유아는 적절한 성역할을 습득하고, 부모의 태도나 가치를 내면화시킨다.

(3) 에릭슨

✲ 자율성 대 수치심 및 회의감(2~4세경)

유아는 걷기, 뛰기와 같은 이행능력이 향상되고 식사, 옷 입기 등의 자조 기술들이 늘며 배변 통제능력도 생기는 등 자율성이 증진된다. 선택이 요구될 때에는 자신의 의지를 나타내고자 하는데, 이때 부모나 교사가 유아의 행동에 대해 어떤 반응을 보이느냐에 따라 자율성이 발달하기도 하고, 반대로 수치심과 회의감을 갖게 되기도 한다.

주도성 대 죄책감(5~6세경)

이 시기의 유아는 자기가 나서서 놀이나 일을 꾸미고, 다른 아이들을 참여시키며 또래에게 역할을 분담하고, 놀이의 진행을 이끌어 나가는 것을 재미있어 한다. 유아는 나름대로의 목표를 달성하려 애쓰는 과정을 통해 주도성을 발달시켜 나간다. 이때 부모의 양육태도가 민주적이면 유아 스스로 결정권을 가지도록 지지하고 자녀의 의견을 존중해준다. 이러한 과정에서 유아는 주도성을 가지게 된다. 그러나 비민주적 부모라면 제한, 통제, 비판적으로 유아를 대하기 때문에 유아는 자신감이 떨어지고 소극적 성격과 함께 죄책감이 발달하기도 한다.

2 안전사고 유형

1) 영아기 안전사고의 유형 및 예방조치

(1) 영아돌연사증후군

영아돌연사증후군(SIDS : Sudden Infant Death Syndrom)이란 사망원인이 불명확하며 미숙아, 저체중아, 호흡기가 약한 영아, 심장기능이 약한 영아에게서 많이 발생하고 있다. 대개 생후 2~3주 사이의 신생아부터 2~4개월 사이의 영아에게서 가장 많이 발생하며 생후 1년 이후에는 거의 나타나지 않는다.

최근 부모의 흡연, 집안 내 온도조절 실패, 엎드려 재우기 등 부모의 특정한 수면자세 선호가 돌연사를 유발하는 심각한 위해요인이라고 밝혀짐에 따라 영아돌연사도 자연사가 아닌 인위적 안전사고라는 것에 초점이 맞추어지고 있다. 이에 영아 똑바로 누워 재우기 캠페인 등이 실시되고 있다. 따라서 생후 1년 이내의 영아들은 잠자는 시간에도 잘 지켜보고, 특히 호흡기가 약한 영아가 호흡기 질환을 앓고 있을 때 유의하여 살필 필요가 있다.

(2) 흔들린 아이증후군

흔들린 아이증후군(Shaken Baby Syndrome)은 2세 이하의 영아에게 울거나 보챌 때 심하게 흔들어서 생기는 질환으로 뇌출혈과 망막출혈이 원인이다. 영아가 끊임없이 보채며 울 때 짜증이 나고 화가 나는 감정을 이기지 못한 채 심하게 흔들다가 사고가 일어나는 경우가 대부분이다.

흔들린 아이 증후군을 막기 위한 방안으로는 앞뒤로 흔들지 않으며, 장난으로 아이를 등에 업거나 어깨에 무등을 태워 조깅하는 것 등을 삼가며 비포장도로에서의 차량 이용을 제한하는 것이 좋다.

(3) 추락 및 충돌사고

운동성이 발달하기 시작하는 4~12개월까지의 영아들은 발달의 특성상 계단에 기어 오르내리기, 창문에 매달리다가 낙상 및 추락으로 이어진다. 따라서 침대에 안전대 설치, 영아용 의자를 사용하고 보호대가 없는 소파나 의자에 영아를 혼자 두지 않는다. 계단의 경우 계단에 안전 울타리를 설치하는 것이 좋다.

(4) 질식사고

지나치게 푹신한 베개 사용으로 인한 질식, 잘못된 밤중 수유나 인공유 수유시에 일어나는 질식, 이물질에 의한 질식, 작은 물체에 인한 질식, 비닐봉지, 끈 등에 의한 질식이 빈번하게 일어나므로 영아 혼자 있지 않도록 해야 한다. 특히, 머리를 혼자서 능숙하게 가누지 못하는 6개월 미만의 영아를 엎어 재우지 말고, 등을 바닥에 대거나 옆으로 뉘여야 한다. 영아를 위한 침구나 침대 매트리스는 푹신한 것보다 단단한 것이 좋으며, 이불 등의 침구를 덮어씌우지 않도록 한다. 또한 욕조나 수영장에서는 아무리 얕을지라도 보호자와 함께 해야 한다.

(5) 중독사고

세제, 비누, 욕실용품, 가솔린, 의약품, 화학약품, 화장품, 향수류, 살충제, 소독제 등 위험약품에 대한 호기심으로 인해 중독사고가 흔히 발생한다. 이를 예방하기 위해서는 약품을 영아의 손에 닿지 않는 곳에 보관하고, 다른 용기에 보관하지 않도록 한다. 또한 약품과 중독물은 보관함에 넣어 보관 후 잠금장치를 반드시 설치하도록 한다.

(6) 화상사고

영아기에는 목욕물로도 화상을 입을 수 있으며, 식탁보를 잡아당겨 뜨거운 음식이 쏟아지거나, 전기기구를 사용하는 플러그 등에 화상을 입기도 한다. 따라서 팔꿈치로 목욕물의 온도를 측정하고 난로나 라디에이터 주변에 보호막을 설치해야 한다. 특히, 뜨거운 물, 음식, 커피포트, 토스트기, 전기다리미 등을 영아의 손에 닿지 않게 두어야 한다.

(7) 놀이사고

만 1~2세의 영아는 소근육과 대근육의 발달로 활동의 범위가 넓어지고 다양한 도구를 경험하는 시기이다. 이에 칼, 가위, 단단한 공, 방망이, 실외 놀이기구 등 안전사고의 위험에 노출되어 있으므로 각별히 주의할 필요가 있다. 그러므로 가정이나 유아교육기관에서 위험한 놀잇감이나 놀이기구로 인한 사고 예방을 위해 수시로 안전점검을 실시하고 파손된 놀잇감은 즉시 수리하거나 교체해 주어야 한다. 또한 놀이기구를 안전하게 사용하는 방법에 대해 반복하여 교육시킬 필요가 있다.

그 밖에 걸음마기의 영아는 열고 닫는 것에 대한 호기심이 매우 왕성하므로 장롱, 서랍, 방문 등에 손이 끼이지 않도록 안전장치를 하고, 냉장고나 세탁기에 들어가지 않도록 주의 깊게 지도해야 한다.

2) 유아기 안전사고의 유형 및 예방조치

(1) 추락 및 골절사고

유아기는 상징화가 시작되므로 상상력이 풍부하여 상징놀이나 역할놀이를 통한 활동성이 증가하는 시기로, 특히 만 3세 유아는 자아 중심성이 강하고 논리적 사고력이 부족한 반면 활동반경이 크게 넓어진다. 그래서 자신이 '마치~ 슈퍼맨인 것처럼' 행동하며 높은 곳에서 뛰어내리거나 침대나 소파에서 뛰다가 추락사고로 이어지는 경우가 빈번하다.

(2) 자상 및 찰과상

유아는 대근육과 소근육 기술이 정교하게 발달하면서 가위질의 기술이 점차 향상되기 시작한다. 그러나 종이에 베이거나 가위에 베이는 경우가 종종 일어날 수 있다. 이 시기에는 안정되게 달리기, 기어오르기, 균형 잡기를 할 수 있을 정도로 운동능력이 잘 발달되어 있어, 롤러스케이트나 두발자전거 타기가 가능하지만 바닥이 고르지 않거나 돌출 부분으로 인해 안전사고가 발생할 수 있다.

(3) 교통사고

유아기에는 영아기에 비해 자유롭게 뛰고 걸을 수 있음으로 활동범위가 넓어지는 것이 특징이다. 그렇기 때문에 아파트 단지 내에서나 도로를 건너는 등의 일들이 빈번하게 일어난다. 이때 유아는 자기중심적 사고에서 벗어나지 못했기 때문에 사물을 자신의 관점과 입장에서만 보게 된다. 따라서 위험상황에 대한 전체적인 판단이 불가능하여 위험에 노출되기 쉽다. 예를 들면, 횡당보도에서 파란불이나 빨간불에 상관없이 팔만 들어도 모든 차가 멈출 것이라고 생각하고, 자동차가 섰는지 확인을 하지 않는 것, 자동차에 부딪혀도 자신은 다치지 않을 것이라 생각하기 때문에 사고가 일어날 수 있다.

(4) 놀이사고

유아기에는 자전거 타기, 정교하게 블록 쌓기, 젓가락 사용하기 등과 같은 많은 운동기능을 획득한다. 협응력과 균형감이 발달하면서 모험놀이와 적극적인 대근육 운동 등을 즐기며 혼자보다는 친구들과 어울려 함께 놀기를 즐긴다. 이 과정에서 집단놀이에서 경쟁이나 싸움으로 인한 사고가 나기 쉽다. 또래와의 다툼 상황에서 친구를 꼬집거나 위험한 물건을 던지고 내리치는 위험한 행위를 할 수 있으므로 안전에 대한 교육이 지속적으로 이루어져야 한다.

Chapter 04

유아교육기관에서의 안전관리

1. 실내 안전
2. 실외 안전

학습 목표

1. 교육기관(유치원, 어린이집)의 실내, 실외를 안전하게 구성할 수 있다.
2. 교육기관(유치원, 어린이집)의 실내, 실외에서 안전하게 놀이할 수 있도록 지도할 수 있다.

영유아는 호기심이 강하고 인지적 미성숙으로 인해 충동적이기 때문에 자신의 행동이 초래할 결과를 예측하지 못하여 위험한 상황에 많이 노출되어 있다. 그러므로 영유아들을 교육하고 보호하는 유아교육기관에서는 무엇보다도 영유아들이 안전한 환경에서 생활할 수 있는 시설, 설비를 갖추고 안전관리지침을 준수하여야만 한다.

이 장에서는 유아교육기관의 실내 시설 · 설비와 실외 놀이시설의 안전관리 및 유치원과 보육시설 운영 시 준수해야 할 안전관리지침에 관하여 살펴보고자 한다.

1 실내 안전

유아교육기관의 실내는 편리하면서도 영유아의 안전을 중점적으로 고려하여 계획되어야 한다. 유아교육기관에 사용되는 기자재는 기본적으로 내화성이 있어야 하며(바닥재, 커튼, 버티컬 등), 신속하고 안전하게 대피할 수 있도록 비상구가 있어야 한다. 또한 화재 시 자동으로 조작되는 화재경보기나 스프링클러와 건물의 적당한 위치에 소화기를 설치하여 화재에 대비해야 한다(강문희 외, 2006).

1) 출입구와 현관

현관은 출입구로 한 번에 많은 영유아가 사용하기도 하므로 충분한 공간이 확보되어야 한다. 영유아의 안전사고가 일어나지 않도록 질서를 지키는 것도 필요하다. 출입구와 현관에서 안전을 위해 고려할 사항은 다음과 같다.

① 현관문은 서서히 닫히게 하는 장치와 손가락끼임 방지장치를 설치한다.
② 출입구와 현관은 장애아도 출입이 용이하도록 계단이 없이 경사로를 둔다.
③ 실내와 실외가 연결되는 바닥면은 미끄럼 방지 매트를 까는 것이 좋다.
④ 우산꽂이 등 쓰러지기 쉬운 물건은 고정시키거나 벽면 가까이 놓는다.

⑤ 차례를 기다려 신발을 신고 벗도록 항상 주의시킨다.
⑥ 실외놀이터로 이동 시 교사는 영유아와 함께 안전하게 이동한다.

신발장

2) 복도와 계단, 베란다

복도와 계단은 영유아가 넘어질 수 있으므로 미끄럽거나 물기가 있지 않도록 하며 복도와 계단의 벽에 전시를 할 시 영유아가 건드렸을 때 떨어지지 않도록 고정시킬 필요가 있다. 계단의 기준으로 단 높이는 16cm 이하, 난간 높이 110cm 이상이며 계단의 난간 살 간격은 10cm 이하여야 한다(중앙보육정보센터, 2008).

① 계단에 미끄럼 턱을 설치하고 왁스, 광택제, 카펫 등은 사용하지 말아야 한다.
② 영아반이 2층에 있는 경우, 2층 계단 입구에 안전 문을 설치해야 한다.
③ 복도나 계단의 꺾임 공간에 위험한 물건(유리장식장, 복사기 등)을 놓지 않는다.
④ 계단을 안전하게 오르내릴 수 있도록 바닥에 발모양 표시를 한다.
⑤ 이동할 때는 줄을 서서 차례차례 이동하도록 지도한다.
⑥ 복도나 계단에서 좌측통행하도록 주의시킨다.
⑦ 복도나 계단에서 이동할 때는 위험한 행동을 하지 않도록 지도한다.
⑧ 영유아 혼자 이동하지 않도록 하고 교사와 함께 이동한다.

계단(계단 끝에 홈을 파서 미끄러지지 않도록 한다)

3) 교실

교실은 영유아가 많은 시간 활동하는 공간이므로 교실의 크기, 배치 등에 있어 안전이 매우 중요하다. 교육 시설 기준령에서는 활동실의 면적을 $1.65m^2$로(0.5평) 제시하고 있으나, 면적이 좁으면 다툼이나 공격적 행동이 빈발할 수 있으므로 $2.13m^2$(0.65평)~$2.64m^2$가 적당하다(보건복지부, 2011).

창문의 높이는 바닥으로부터 50~70cm 정도가 적절하며, 추락사고 발생을 예방하기 위해 창문에는 보호대나 난간을 반드시 설치해야 한다.

교실은 환기, 채광, 조명, 온 · 습도가 적절히 유지, 관리되도록 하여야 한다. 또한 교사는 영역별로 영유아가 많이 붐비지 않도록 제한을 두기도 하고 가구의 모서리는 안전장치를 사용하여 영유아가 부딪혀도 큰 상처가 생기지 않도록 유의하여야 한다.

(1) 문 · 창문

① 문에 끼임 사고가 발생하지 않도록 안전장치를 설치한다.

② 교실 출입문은 영유아가 보일 수 있도록 부분적으로 투명한 창으로 설치한다.
③ 창문 가까이에 영유아가 딛고 올라갈 수 있는 의자, 책상을 두지 않는다.
④ 방염 블라인드나 커튼의 끈은 영유아의 손에 닿지 않도록 짧게 묶어둔다.

여닫이 안전장치

방염 블라인드

(2) 벽 · 바닥

① 사용하지 않는 콘센트는 안전덮개로 덮어두고 꽂혀진 코드도 영유아에게 노출되지 않도록 한다.
② 전깃줄 등이 영유아의 발에 걸리거나 손에 닿지 않도록 안전하게 처리한다.
③ 영유아의 사진이나 작품을 영유아의 눈높이에 맞추어 게시한다.
④ 매트는 움직이지 않도록 처리하고 끝이 밀려서 걸려 넘어지지 않도록 한다.

벽이나 모서리 안전바

(3) 영역구성

① 영유아가 활동할 수 있도록 충분한 공간을 확보한다.

② 모든 영유아를 관찰할 수 있도록 시야를 확보하고 높은 교구장은 벽쪽으로, 낮은 교구장으로 영역 구분한다.

③ 책상, 교구장 등의 뾰족한 부분은 모서리 보호대 등의 안전장치를 부착한다.

④ 교구장에 있는 볼트, 너트, 못 등 분리되거나 파손된 교구장이나 의자는 즉시 보수한다.

⑤ 낮은 책상이나 의자에 올라가서 뛰어내리지 않도록 지도한다.

⑥ 영유아가 의자나 책상 같은 무거운 가구를 이동해야 할 때는 사전에 안전수칙을 설명한다.

역할영역

과학영역

음률영역

언어영역

수 · 조작영역

쌓기영역

미술(조형)영역

(4) 교재 · 교구

① 연령에 따라 영유아가 삼킬만한 너무 작은(지름 3.5cm 이하) 놀잇감은 제공하지 않는다.

② 베이거나 긁힐 수 있는 가위와 같은 재료는 연령에 맞게 제공하며 주의사항을 제시한다.

③ 놀잇감은 영유아가 쉽게 꺼내고 수납할 수 있도록 알맞은 높이에 놓는다.

④ 무거운 교구는 교구장 아래 부분에 보관한다.

⑤ 놀잇감이나 블록을 입에 넣고 다니지 않도록 주의시킨다.

⑥ 놀이 활동 정리나 이동 시 영유아가 예측할 수 있도록 미리 예고한다.

⑦ 걸려 넘어질 만한 물건이나 놀잇감을 수시로 정리한다.

⑧ 놀잇감 파손 등을 매일매일 점검하고 보수한다.

역할영역 정리정돈

쌓기영역 정리정돈

4) 화장실

화장실은 영유아들이 자신의 청결한 생활습관을 형성하여 자신의 건강을 지키는 위생습관을 배우는 곳이다. 화장실은 수세식 유아용 변기를 설치하고, 실내활동실과 동일한 층의 인접한 공간에 설치하여야 한다. 문의 손잡이에는 손끼임 방지장치를 설치하고, 문은 유아들이 스스로 열고 닫을 수 있도록 설계한다.

화장실에서 미끄러져 사고가 나는 것을 방지하기 위해서는 바닥에 미끄럼 방지 타일을 깔고 그 위에 미끄럼 방지 매트를 깔며 바닥에는 물기가 없도록 신경 써야 한다. 화장실은 물을 수시로 사용하는 곳이므로 바닥에 물이 떨어져 미끄러울 수 있다. 바닥이 미끄러울 경우 안전사고가 많이 일어나므로 바닥이 항상 마르도록 해야 한다.

세면대의 높이는 바닥에서 50cm 정도가 적당하며, 온수에 의한 화상을 방지하기 위해서는 세면대의 온수 온도는 섭씨 49℃ 이하로 조정하고, 수도꼭지는 잠궈두도록 한다. 또한 유아가 손을 씻은 후 닦는 수건은 마른 수건이 될 수 있도록 수시로 체크할 필요가 있다

① 화장실 문에 손끼임 방지 장치를 설치한다.
② 바닥은 미끄럼 방지 처리를 한다.
③ 세면기와 변기, 거울, 수건걸이 등을 영유아의 눈높이에 맞추어 설치한다.
④ 세면기, 변기, 욕조 등 모서리를 안전하게 처리한다.
⑤ 수도꼭지의 오작동을 매일 점검한다.
⑥ 영유아가 화장실에 간 경우 주의하여 관찰한다.

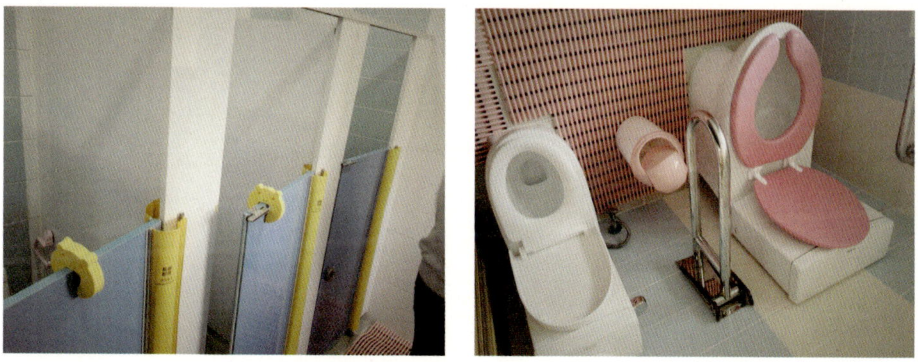

화장실 문끼임 방지 및 미끄럼 방지

5) 조리실

점심과 간식을 준비하여 제공하는 주방은 우선 위생적이고 청결해야 한다. 조리실은 채광이 잘 되도록 하고, 기계 환기시설을 하여 청정한 실내 환경을 유지하도록 하며, 창문에는 방충망을 설치하여야 한다(보건복지부, 2011).

이를 위해 위생적인 시설과 설비(예 : 조리대, 싱크대, 냉장고, 온장고, 식기소독기, 각종 조리기구, 손소독기 등)를 갖추어야 하며, 조리사는 위생복과 위생모를 착용하고 손을 수시로 씻는 등 개인위생에도 각별히 신경을 써서 식중독 사고를 예방해야 한다. 조리실은 유아의 안전사고가 일어나기 쉬운 곳이므로 가급적이면 출입하지 않도록 하며 조리실과 연결된 곳에서 식사를 할 경우 영유아가 조리대, 냉장고에 접근하지 않도록 한다.

① 화기가 있는 곳에는 영유아들이 출입을 못하도록 보조문을 설치한다.
② 비상용 소화기를 설치한다.
③ 정수기의 뜨거운 물에 안전장치(온수 작동부분 고정)를 설치한다.
④ 가스레인지 설치 시 중간 밸브와 가스 누설 자동 차단장치를 설치한다.
⑤ 칼 등 위험한 조리도구들은 영유아들의 손이 닿지 않는 곳에 보관하고 잠금장치를 한다.
⑥ 락스, 주방용 세제 등은 영유아들의 손이 닿지 않는 곳에 보관한다.
⑦ 냉장고, 싱크대 서랍 등에 잠금장치를 설치한다.
⑧ 식기를 소독하고 위생적으로 취사 및 조리할 수 있는 설비를 갖추어야 한다.
⑨ 뜨거운 음식은 조리실에서 미리 식혀서 배식할 수 있도록 준비한다(모든 음식물은 먹기 쉬운 온도로 준비하기).
⑩ 점심을 먹은 후에는 정해진 안전한 놀이공간에 앉아 조용한 놀이를 하도록 지도한다.

정수기

배식대

6) 놀이실 및 강당

놀이실은 영유아가 좋아하는 공간 중 하나로 실내활동실과는 다르게 대근육활동이 많은 곳이다. 영유아가 뛰어다니거나 기어다니는 데 사고가 일어나지 않도록 항상 정리하도록 한다. 또한 영유아가 너무 많이 모여 있을 경우에는 각 반마다 시간을 정해 사용하도록 한다.

① 볼풀장이 있는 경우 미끄럼틀이 아닌 출입을 위한 별도의 계단을 설치한다.
② 기둥이나 모서리는 충격을 완화할 수 있도록 장치한다.
③ 신체활동 시 충분히 움직일 수 있는 공간을 확보한다.
④ 탈 것 놀잇감은 바닥에 정리 표시를 하고 제자리에 정리하도록 한다.
⑤ 안전매트나 보호대가 떨어진 곳이 있는지 수시로 점검한다.
⑥ 유희실이 지하에 위치한 경우 환기와 제습에 유의한다.
⑦ 놀이기구 등의 볼트, 너트, 못 등이 빠져 있는지 수시로 정리한다.
⑧ 놀이 종료 시간을 사전에 알려주어 안전하게 정리할 수 있도록 한다.

강당 및 놀이실

7) 비상재해대비시설

교육시설의 인가과정과 운영 중에 안전에 대한 조항을 보다 강화하고 있으며, 이에 따라 비상재해대비시설에 관한 사항을 제시하고 있다.

① 시설이 1층인 경우, 비상시 2방향 대피가 가능하여야 한다. 2방향 대피란 지상과 바로 연결되는 2개 이상의 출구가 있는 것을 원칙으로 한다.

② 시설이 2층 이상인 경우, 비상시 2방향 대피가 가능하도록 비상계단 또는 대피용 미끄럼대를 영유아용으로 설치한다.

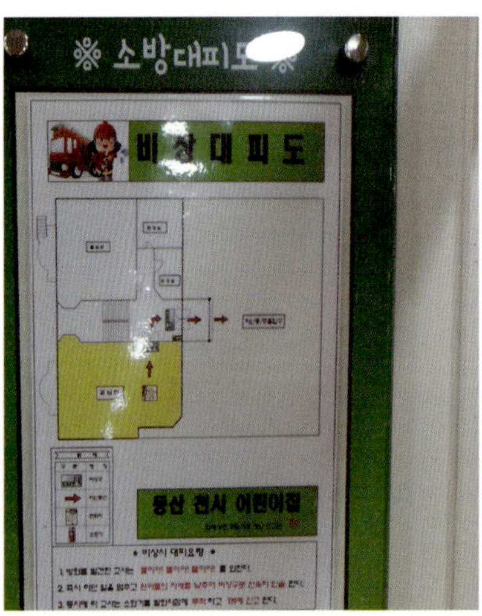

비상 대피도 및 대피시설

2 실외 안전

실외놀이터는 영유아가 자신의 에너지를 발산하는 곳으로, 유아교육기관에서는 놀이가 활발하게 이루어지는 실외 놀이환경 제공을 위해서 안전성과 기능성을 충족시켜 줄 수 있는 실외공간과 안전관리가 매우 중요하다.

놀이터 안전사고의 원인은 시설 · 설비의 결함 외에 성인의 안일한 태도와 지도 소홀, 안전에 대한 영유아의 충분치 못한 지식과 부적절한 태도로 인한 것이다. 이러한 실외놀이 안전사고는 자칫 대형사고로 이어져 영유아에게 치명적 손상을 입힐 수 있으므로 영유아가 놀이기구를 사용하는 데 있어 안전 규칙을 마련하여 질서를 지키며 놀이를 할 수 있도록 한다.

① 바닥에 파인 곳이나 튀어나온 곳 등 단차가 없도록 한다.
② 모래놀이영역에 개와 고양이 등의 배설물이 들어가지 않도록 가능하면 덮어 둔다.
③ 실외놀이터 미끄럼틀과 바닥과의 단차에 주의한다.
④ 외부 놀이시설 이용 시 햇빛 받은 뜨거운 시설물들이 있는지 사전 점검을 한다.

바깥놀이터

놀이터 안전사고의 원인은 시설 · 설비 결함 외에도 영유아의 안전에 대한 지식과 태도도 중요하므로 영유아가 놀이기구를 사용할 때에는 안전수칙을 알려줄 필요가 있다(충청남도 천안교육청, 2008).

1) 그네

① 그네 주변에 안전을 위한 보호담을 설치한다.
② 그네가 완전히 정지한 후 타고 내린다.
③ 한 그네에 한 사람만 탄다.
④ 그네 중앙에 앉아서 탄다.
⑤ 그네 줄을 꼬거나 배를 깔고 엎드려서 타거나 서서 타지 않는다.
⑥ 줄을 꼭 잡고 타며, 타는 도중에 뛰어내리지 않는다.
⑦ 다른 친구가 그네를 타고 있을 때 그 앞으로 지나가거나 그 앞에서 기다리지 않는다.

2) 미끄럼틀

① 미끄럼틀 계단이 미끄럽지 않도록 한다.
② 미끄럼틀에 올라갈 때는 손잡이를 꼭 잡고 계단 하나씩 올라간다.
③ 앞사람이 올라간 다음 올라가고 다른 사람을 밀거나 당기지 않는다.
④ 미끄럼판으로 올라가지 않고 반드시 계단을 이용해서 올라간다.
⑤ 활주판에서는 한 사람씩 앉아서 내려온다.
⑥ 엎드려 타거나 서서 타지 않는다.

3) 시소

① 시소 위에 서거나 뛰지 않는다.
② 두 손으로 손잡이를 꼭 잡고 탄다.
③ 내릴 때는 상대방에게 미리 알리고 조심히 내린다.

④ 내릴 때 시소 밑에 발을 두지 않는다.

4) 회전놀이기구

① 회전하는 도중에 뛰어내리거나 뛰어오르지 않는다.
② 회전 중에 친구와 장난을 치거나 밀고 잡아당기지 않는다.
③ 회전대를 갑자기 빠르게 돌리지 않는다.
④ 회전 중에 회전대를 멈추게 하기 위해 갑자기 잡지 않는다.

5) 정글짐

① 오를 때는 두 손을 사용하고 손잡이를 꽉 쥐고 오른다.
② 시설이 비에 젖었거나 뜨거울 때는 사용하지 않는다.
③ 꼭대기에 눕거나 거꾸로 매달리거나 뛰어내리지 않는다.
④ 내려올 때 뛰어내리지 않고 안전한 방법으로 천천히 내려온다.

Chapter 05

안전교육 목표 및 안전교육 정책

1. 안전교육의 목표 및 원리
2. 안전교육 정책

학습 목표

1. 안전교육에 대한 목표를 제시할 수 있다.
2. 안전교육 정책을 설명할 수 있다.

영유아에게 일어나는 안전사고를 예방하는 방법은 환경적 요인을 개선하는 것과 함께 안전교육을 통해 영유아 스스로 사고로부터 자신을 지킬 수 있도록 하는 것이다. 이를 위해 우리나라에서는 안전에 대한 지식, 기술, 태도에 대한 안전교육을 진행하고 있다.

누리과정과 표준보육과정에 나타난 안전교육 내용 및 지도방법, 교사의 역할에 대하여 살펴보고자 한다.

1 안전교육의 목표 및 원리

1) 안전교육의 목표

안전교육은 영유아가 여러 가지 잠재적인 위험으로부터 자기 자신을 보호할 수 있도록 안전에 대한 지식, 기술, 태도를 익히게 하여 안전한 생활을 할 수 있도록 도와주는 것이다. 따라서 안전교육의 궁극적인 목표는 자신과 다른 사람의 생명을 존중하는 정신을 육성시키도록 교육하는 것이 무엇보다 중요하다. 구체적인 안전교육의 목표는 다음과 같다(곽은복, 2008).

(1) 생명의 존엄성을 인식시킨다

생명은 하나뿐이므로 안전에 대한 지식이나 행동능력을 습득하기 전에 생명 존중의 정신을 확립하는 것이 무엇보다도 중요하다.

(2) 안전에 관한 지식을 습득한다

안전에 관한 지식은 영유아가 안전하게 행동하기 위한 구체적인 사실을 알게 하고 안전하게 다루는 방법과 수단을 제공함으로써 영유아로 하여금 위험상황을 정확하게 판단하고 위험에 대한 인식을 하여 스스로 안전하게 문제해결을 하도록 돕는 토대가 된다.

(3) 위험으로부터 자신과 타인을 보호하기 위한 안전 기술 및 태도를 기른다

안전에 대한 지식은 단편적으로 끝나는 것이 아니라 기술습득을 통해서 생활화시키는 것이 중요하다. 또한 안전에 대한 기술이 있다 하더라도 안전에 대한 올바른 태도가 형성되지 않으면 지식과 기술을 습득한 것이 무의미해진다. 영유아가 안전에 대한 올바른 지식을 가지고 주변 환경에서 사고가 일어날 수 있는 잠재적 가능성을 인식한 채 자신을 보호하기 위한 행동 양식과 태도를 형성한다면, 영유아는 안전한 행동을 할 확률이 높아진다.

2) 안전교육의 원리

영유아의 안전교육은 일상생활 속에서 이루어져야 한다. 스스로의 안전을 도모할 수 있는 습관 및 안전에 대한 가치관을 형성하기 위해 안전교육을 실시할 때는 유아의 발달수준이 고려되어야 한다. 또한 반복적이며 가정과 연계되어 지도가 이루어질 때 가장 효과적이다. 안전교육의 원리는 다음과 같다(김탁희, 2000).

(1) 일회성의 원리

가정, 유아교육기관, 사회에서 단 한 번의 안전사고로 인해 영유아의 목숨이나 신체를 상하게 하는 사례를 볼 수 있다. 단 1회의 사고라 할지라도 사고의 경중에 따라 회복할 수 없는 중대한 상해를 입을 수 있으므로 자신과 타인의 생명을 존중해야 한다.

(2) 자기통제의 원리

안전교육의 궁극적인 목적은 영유아 스스로 안전에 대한 통제능력을 개발하는 데 있다. 지적 능력, 실천적 기술능력 및 의지적 태도를 통하여 자신과 타인, 그리고 가정, 사회, 국가를 위하여 통제능력을 길러 주는 원리가 성립되는 것이다.

(3) 지역성의 원리

사고와 안전은 지역적인 차에 의해 그 유형이 다르기 때문에 환경의 차이가 많은 도시와 농어촌, 교통량이 많은 지역과 그렇지 않은 지역, 산간지역과 해안지역에 따라 다르게 이루어져야 한다. 즉, 생활양식 등 지역의 특수성에 따른 실질적인 안전교육을 실시해야만 효과가 있다.

2 안전교육 정책

1) 아동복지법에 따른 안전교육 기준

안전교육은 일상생활에서 발생빈도가 높은 사고를 중심으로 실천적 내용을 선정한다. 어린이집에서는 아동복지법에 따라 교통안전교육, 약물 오·남용 교육, 재난대비 교육을 의무적으로 실시하고 이 결과를 매년 1회 보고하도록 하고 있다(영유아보육 프로그램, 2013). 하지만 안전교육은 특별히 일회성 행사로 실시하는 것이 아니라 일상적인 생활 속에서 안전한 생활을 경험하고 실천할 수 있도록 하는 것이 중요하다. 2013년 보육사업안내에 수록된 아동복지법을 근거로 한 안전교육의 기준은 다음 〈표 5-1〉과 같다.

표 5-1 안전교육 기준

구분	교통안전교육	약물 오 · 남용 교육	재난대비교육	성폭력 예방교육	실종 · 유괴의 예방방지교육
실시 주기 (총 시간)	2개월 1회 이상 (연간 12시간 이상)	3개월 1회 이상 (연간 10시간 이상)	6개월 1회 이상 (연간 6시간 이상)	6개월 1회 이상 (연간 6시간 이상)	3개월 1회 이상 (연간 10시간 이상)
교육 내용	1. 올바른 교통안전지식 2. 교통 관련 법규 준수정신 3. 안전장구 착용의 생활화 4. 기타 교통안전 관련 내용	1. 약물의 종류 · 중독성 및 오 · 남용의 폐해 2. 법적 처벌기준 3. 기타 약물 오 · 남용 예방을 위하여 필요한 내용	1. 화재 · 붕괴 · 폭발 · 화생방 사고 등 각종 재난 예방 및 안전관리 요령 2. 위험물 취급 요령 3. 재난 시 안전 행동 및 대피 요령	1. 아동 및 청소년 성범죄 발생현황 2. 성폭력 예방지침 3. 성폭력 예방 실습 4. 성폭력범죄 발생 시 대처방법 5. 법적 처벌 및 취업제한 규정 6. 성폭력범죄의 신고 요령 및 절차	1. 아동 실종 발생 현황 2. 장소 · 상황별 실종 · 유괴 예방 지침 3. 유괴 · 유인 시 대처방법 4. 유괴 · 유인 목격 시 신고 요령 및 절차
교육 방법	1. 전문가(또는 담당자) 강의 2. 시청각 교육 3. 실습교육 또는 현장학습 4. 수업(프로그램) 내용에 반영 5. 일상생활을 통한 반복 지도	1. 전문가(또는 담당자) 강의 2. 시청각 교육 3. 현장방문 · 학습	1. 전문가(또는 담당자) 강의 2. 시청각 또는 실습 교육 3. 사고사례 분석	1. 전문가(또는 담당자) 강의 2. 시청각 교육 3. 사고사례 분석	1. 전문가 또는 담당자 강의 2. 장소 · 상황별 역할극 실시 3. 시청각 교육 4. 실종사례 분석

2) 교육부 7대 안전교육 표준안

교육부는 2015년 유아에서 고등교육의 발달단계를 고려한 안전교육 7대 표준안을 마련하였다. '학교 안전교육 7대 표준안'의 영역은 생활안전, 교통안전, 폭력 · 신변안전, 약물 · 사이버(인터넷중독)안전, 재난안전, 직업안전, 응급처치영역으로 구성되어 있다(교육부, 2015).

내용은 다음 〈표 5-2〉와 같다.

표 5-2 교육부 7대 안전교육 표준안

유형	세부 내용
생활안전	시설안전, 실내 활동, 실외 활동, 신체활동, 여가활동안전, 식생활안전
재난안전	화재, 폭발, 붕괴, 화학적 오염, 자연재난(태풍, 홍수, 지진 등)
교통안전	보행자, 자전거, 오토바이, 자동차, 대중교통(선박, 항공, 철도 등) 안전
약물 · 유해물질 안전 인터넷 중독	흡연 및 음주, 의약품, 유해물질 안전, 인터넷(게임 및 인터넷, 스마트폰) 중독, 정보 보호 등
폭력 및 신변안전	언어 및 신체폭력, 자살 및 집단 따돌림, 성폭력, 사이버 폭력, 유괴 및 미아 사고
응급처치	기본 응급처치, 유형별 응급처치
직업안전 (유아 해당 없음)	실험 및 실습, 특성화고 취업준비 등

각 안전 유형에 있어 유아에 해당하는 세부 사항을 알아보면 다음과 같다.

(1) 생활안전 내용체계안

생활안전에는 시설안전, 실내 활동, 실외 활동, 신체활동, 여가활동안전, 식생활안전이 포함되어 있으며 이에 대한 세부 내용은 〈표 5-3〉과 같다.

표 5-3 생활안전 세부 내용

<table>
<tr><th rowspan="2">중분류</th><th rowspan="2">소분류</th><th rowspan="2">활동요소</th><th rowspan="2">세부내용</th><th colspan="3">유아</th></tr>
<tr><th>3세</th><th>4세</th><th>5세</th></tr>
<tr><td rowspan="3">시설 및 제품 이용 안전</td><td rowspan="3">시설 안전</td><td rowspan="3">시설 이용 안전 수칙</td><td>실내 안전 수칙(낙상 및 추락 예방 등)</td><td>• 교실에서 안전하게 활동하기
• 화장실 안전하게 이용하기
• 끼임 사고 조심하기</td><td>• 교실에서 안전하게 활동하기
• 계단 안전하게 오르내리기</td><td>• 교실에서 안전하게 활동하기
• 미끄러운 곳에서 조심하기</td></tr>
<tr><td>다중 이용 시설의 안전수칙</td><td>• 공공장소에서 지켜야 할 규칙 알아보기</td><td>• 공공장소에서 지켜야 할 규칙 알아보고 지키기
• 승강기, 에스컬레이터, 회전문 이용하기</td><td rowspan="2">• 공공장소에서 지켜야 할 규칙 알아보고 지키기
• 환풍구와 맨홀의 위험 알기</td></tr>
<tr><td>감전사고 대처</td><td>• 전기감전 조심하기</td><td>• 전기감전 조심하기</td></tr>
</table>

중분류	소분류	활동요소	세부내용	유아 3세	유아 4세	유아 5세
시설 및 제품 이용 안전	제품 안전	공산품 안전	공산품 안전		• 학용품 사용방법 알기	• 위험한 학용품 사용하지 않기
		식품 안전	식품 선택 및 보관방법	• 몸에 좋은 음식 알아보기	• 식중독 예방법 알기	
			식품 첨가물의 이해			• 식품첨가물 유해성 알기
신체활동 안전	체육 및 여가활동 안전	체육 및 여가활동 안전 일반		• 신체활동 준비운동하기	• 신체활동 안전하게 하기	• 도구를 사용하여 안전하게 활동하기
		놀이활동 안전		• 놀이기구 사용 방법 알아보기 • 안전한 장소에서 안전한 방법으로 놀이하기	• 놀이기구 안전하게 이용하기	• 놀이기구 안전하게 이용하기
		물놀이 안전		• 안전한 물놀이 방법 알기/구조요청하기	• 안전하게 물놀이하기/구조요청하기	• 물놀이 안전수칙 지키기/구조요청하기
		등산 안전				• 안전하게 숲체험 활동 참여하기
		탈것 안전		• 탈것 안전하게 이용하기/보호장구 갖추기	• 탈것 안전수칙 이해하기/보호장구 갖추기	• 탈것 안전수칙 지키기/보호장구 갖추기
		현장체험학습 안전 (캠핑 안전 포함)		• 현장체험 안전하게 다녀오기	• 현장체험 안전하게 다녀오기	• 현장체험 안전하게 다녀오기 • 안전하게 캠핑 활동 참여하기
유괴 및 미아사고 방지		유괴 예방 일반수칙		• 실종, 유괴 상황 알고 도움을 요청하기	• 실종, 유괴 상황 알고 도움을 요청하기	
		미아사고 대처 방안		• 길을 잃었을 때 도움 요청하기	• 길을 잃었을 때 도움 요청하기	

(2) 재난안전 내용체계안

재난안전은 화재, 폭발, 붕괴, 화학적 오염, 자연재난(태풍, 홍수, 지진 등)이 포함되어 있으며 세부 내용은 다음 〈표 5-4〉와 같다.

표 5-4 재난안전 세부 내용

중분류	소분류	활동요소	유아
화재	화재 발생	• 화재의 개념 • 화재의 주요발생 장소 • 화재의 발생원인 • 화재의 주요 피해사례	화재의 기초적인 개념 • 화재의 위험성
	화재 발생 시 안전수칙	• 화재 발생 시 대피방법 • 화재 발생 시 대피장소 • 화재 발생 시 신고방법 • 화재 발생 시 전파방법 • 화재 유형별 대처요령	• 화재 발생 시 기초적인 대피요령 : 자세를 낮추고 빨리 밖으로 나갑니다. • 화재 발생 시 대피장소 : 야외, 건물 옥상 등 안전한 장소
	소화기 사용 및 대처방법	• 초기진화의 중요성 • 소화기의 종류 및 작동원리 • 소화기의 사용방법 • 옥내 소화전의 사용방법	
사회재난	폭발 및 붕괴의 원인과 대처방법	• 폭발과 붕괴사고 원인 • 폭발과 붕괴사고 사례 • 폭발 및 붕괴사고 시 대처요령 • 폭발 및 붕괴사고 시 대피장소	• 폭발과 붕괴 발생 시 기초적인 대피방법 : 주변을 잘 살피고 최대한 빨리 밖으로 나갑니다.
	각종 테러사고 발생 시 대처요령	• 폭탄 폭발 시 대피요령 • 인질상황 시 대응요령 • 생화학테러 · 방사능사고 발생 시 대응방법 • 테러 유형과 피해사례	
자연재난	홍수 및 태풍 발생 시 대처요령	• 홍수와 태풍의 발생원인과 특징 • 홍수 및 태풍발생 예보 청취 및 학습 • 홍수 및 태풍 발생 시 대처요령	• 홍수 발생 시 기초적인 대처요령 : 안전한 장소로 대피합니다. • 태풍 발생 시 기초적인 대피방법
	지진 · 대설 · 한파 · 낙뢰 발생 시 대처요령	• 자연재난 유형별 발생원인과 특징 • 자연재난 발생예보 청취와 학습 • 자연재난 발생 시 대처요령	• 지진 발생 시 기본적인 대처요령 : 탁자 밑으로 들어가서 피합니다. • 주요 자연 재난 발생 시 기초적인 대응방법

(3) 교통안전 내용체계안

교통안전의 내용은 보행자, 자전거, 오토바이, 자동차, 대중교통(선박, 항공, 철도 등)이 포함되어 있으며 세부 내용은 다음 〈표 5-5〉와 같다.

표 5-5 교통안전 세부 내용

중분류	소분류	주요 내용	유아
자동차 안전	자동차사고의 원인	자동차사고의 원인과 피해	
	자동차사고 예방법	• 안전띠를 매야 하는 이유 • 안전띠의 올바른 착용법	• 안전띠란 무엇일까요 • 안전띠 바르게 매기 • 어린이보호장구 무엇이 • 있을까요 • 자동차 알아보기 • 운전석에서 볼 수 없는 곳을 알아 봅시다
대중교통 안전	대중교통 이용 안전수칙(버스, 택시, 지하철, 기차 등)	• 대중교통 이용방법 • 대중교통 승하차 방법 • 대중교통 이용 중 유의사항 버스 및 지하철 안에서 손잡이 잡기, 뛰지 않기	• 대중교통은 무엇일까요? • 버스 • 지하철 • 기차 • 택시 • 해상 • 항공

(4) 약물, 사이버 중독 내용체계안

약물, 사이버 중독에는 흡연 및 음주, 의약품, 유해물질안전, 인터넷(게임 및 인터넷, 스마트폰) 중독이 포함되어 있으며 내용은 다음 〈표 5-6〉과 같다.

표 5-6 약물, 사이버 중독 세부 내용

중분류	소분류	활동요소	유아
약물 중독	마약류 폐해 및 예방	마약에서 벗어나기	
	흡연 폐해 및 예방	• 담배의 유해성분 • 흡연의 중독과 폐해 • 청소년 흡연 예방 대책	• 1담배를 피우면 인체에 어떤 영향을 미칠까요? • 담배는 왜 끊기가 어려울까요?
	음주 폐해 및 예방	• 술의 물리화학적 특성 • 알코올의 중독과 폐해 • 청소년 음주예방 대책	• 술은 우리 몸에 어떤 영향을 미칠까요? • 어른들은 왜 술을 마실까요?
	고카페인식품 폐해 및 예방	• 고카페인음료(커피, 콜라, 핫식스 등)의 일일 섭취 권장량 • 고카페인음료 과다섭취로 인한 부작용 • 다이어트약의 부작용	
사이버 중독	인터넷 게임 중독	• 인터넷 게임 중독의 개념 및 하위요인 • 중독의 개념 • 중독의 특성 • 중독으로부터 벗어나는 법	• 친구들 인사하기 • 인터넷 게임으로 인한 생활변화 • 인터넷의 좋은 점 나쁜 점 • 인터넷의 예절 • 인터넷 게임 많이 사용하는 것의 위험 알기 • 인터넷 게임 사용 욕구 참기(방법들) • 인터넷 게임 이외의 놀이들
	스마트폰 중독	• 스마트폰 중독의 원인 • 스마트폰 중독이 미치는 영향 • 스마트폰 중독으로부터 벗어나는 방법 • 스마트폰 중독 예방 애플리케이션 소개	• 친구들 인사하기 • 스마트폰으로 인한 생활변화 • 스마트폰의 좋은 점 나쁜 점 • 스마트폰의 예절 • 스마트폰 많이 사용하는 것의 위험 알기 • 스마트폰 사용 욕구 참기(방법들) • 스마트폰 이외의 놀이들

(5) 폭력 및 신변보호 내용체계안

폭력 및 신변보호 내용은 언어 및 신체폭력, 자살 및 집단 따돌림, 성폭력, 사이버 폭력, 유괴 및 미아사고가 포함되어 있으며 내용은 다음 〈표 5-7〉과 같다.

표 5-7 폭력 및 신변보호 세부 내용

<table>
<tr><th>중분류</th><th colspan="2">소분류</th><th>주요 내용</th><th>유아</th></tr>
<tr><td rowspan="4">학교 폭력</td><td colspan="2">언어 폭력</td><td>• 학교폭력의 정의 및 유형
• 언어폭력의 정의 및 유형
• 의사표현방법의 종류
• 언어폭력의 대처법
• 언어폭력의 사례
• 언어습관 체크리스트
• 욕설의 유래와 사용 줄이기
• 공감 및 입장 바꿔 생각하기
• 올바른 대화법(내용 및 역할극)</td><td>• 언어폭력(욕설, 나쁜 말) 뜻과 유형
• 마음(감정) 올바르게 표현하기
• 언어폭력의 사례
• (동화구연)
• 바른말 고운 말 쓰기
• 긍정적인 표현방법 배우기</td></tr>
<tr><td rowspan="2">물리적 폭력</td><td>신체폭력</td><td>• 학교폭력의 정의 및 유형
• 신체적 폭력이란?
• 신체적 폭력에 대한 사례
• 법률상 처분 및 관련 법
• 대처법 : 신고, 상담, 가정, 학교 등</td><td>• 신체폭력의 정의 및 유형
• 신체폭력의 실사례
• 굿 터치, 배드 터치 알아보기
• 신체폭력 대처법
• 신체폭력의 위험성
• 아픔 공감하기</td></tr>
<tr><td>금품갈취, 강요</td><td>• 갈취, 강요 등의 정의 및 사례
• 신종 금품갈취 유형 : 와이파이 셔틀 등
• 예의 있게 부탁하기(공손, 정중)
• 돈과 물건의 가치
• 실제사례(형사처분, 보호처분)</td><td>• 친구물건을 함부로 사용 및 뺏지 않기
• 나의 것과 남의 것
• 부탁하는 표현 연습하기</td></tr>
<tr><td>심리 정서적 폭력</td><td>분노와 갈등 조절</td><td>• 오해와 갈등 사례
• 갈등상황 해결 사례 및 분임 토의
• 역할극
• 입장 바꾸기
• 자신의 분노 패턴 파악
• 대처법 : 분노해소, 스트레스대처법 등
• 감정에 대한 이해</td><td>• 나의 기분 표현하기
• 화날 때 감정 바르게 표현하기 (색깔, 스티커 활용)</td></tr>
</table>

<table>
<tr><th>중분류</th><th colspan="2">소분류</th><th>주요 내용</th><th>유아</th></tr>
<tr><td rowspan="2">학교 폭력</td><td>심리 정서적 폭력</td><td>집단 따돌림</td><td>• 따돌림의 정의 및 유형
• 따돌림 실사례
• 예방 대책 : 공감능력 향상 훈련 및 활동, 또래중재, 또래상담 등
• 또래조정 : 갈등해결 조력
• 회복할 수 있는 대인관계 및 사회성 향상 프로그램
• 편 가르지 않기(함께 어울리기)
• 방관자에서 조력자로
• 잘못된 놀이문화 인식</td><td>• 친구의 의미
• 친밀하게 다가가기
• 감정 느껴보기(외로움, 우울 등)
• 장난과 폭력의 차이점</td></tr>
<tr><td colspan="2">사이버 폭력</td><td>• 사이버 폭력의 정의 및 유형
• 사이버 폭력 심각성 및 사례
• 예방대책
• 올바른 사이버 에티켓
• 온라인상 사생활보호, 개인정보 보호의 중요성
• 사이버폭력 대처법</td><td>• 사이버공간의 이해(온라인, 오프라인)
• 올바른 사이버매체(PC, 스마트폰 등) 사용하기</td></tr>
<tr><td rowspan="2">성폭력</td><td colspan="2">성폭력 예방 및 대처방법</td><td>• 성인식(가치관) 점검
• 성역할 알아보기
• 성폭력(성추행, 성희롱) 정의 및 유형
• 성폭력 예방법
• 호신법
• 성폭력 대처방법
• 신고하기</td><td></td></tr>
<tr><td colspan="2">성매매 예방</td><td>• 원조교제란
• 관련 법률 이해 : 청소년성매매, 성폭력 등
• 인권 생각해보기</td><td></td></tr>
<tr><td>자살</td><td colspan="2">자살 예방 및 대처방법</td><td>• 청소년 자살의 원인과 심각성
• 자살의 징후와 예방
• 생명 존중 : 너, 나 그리고 우리
• 스트레스 대처법
• 자살 관련 신고 및 대처법
• 행복지수
• 내 마음 털어놓기
• 삶의 권리와 생명</td><td>• 생명의 소중함
• 소중한 나
(나는 어떻게 태어났을까요?)
• 소중한 너
• 생명 존중하기</td></tr>
</table>

중분류	소분류	주요 내용	유아
가정 폭력	가정폭력 예방 및 대처방법	• 가족 이해/개념 • 가정폭력 피해 시 증상 및 대처법 • 가정폭력(학대) 정의 및 유형 • 가정폭력(학대) 예방 • 가정폭력(학대) 사례 • 가정폭력(학대) 신고 및 대처방법 (피해자지원제도)	• 가족의 탄생 • 가족의 소중함 • 가족의 다양성(유형) • 사랑과 폭력의 차이 • 가정폭력(학대) 신고 및 대처방법 (피해자지원제도)

(6) 응급처치 내용체계안

응급처치에 대한 내용은 기본 응급처치, 유형별 응급처치로 다음 〈표 5-8〉과 같다.

표 5-8 응급처치 세부 내용

중분류	소분류	활동요소	유아
상황별 응급 처치	염좌 및 골절처치	염좌, 탈구, 골절 증상 구분하기	
		응급처치 알기	
	화상 응급처치	화상의 종류와 증상	화상이 생길 수 있는 상황 알기
		화상 예방법 및 응급처치 알기	화상을 예방하는 방법 알기
	갑작스런 상황에서의 응급처치	생활 속 다양한 사고상황별 응급처치 방법 알기	• 상처가 생겼을 때 응급처치 알아보기 • 벌이나 모기에 물렸을 때 어떻게 해야 하는지 알아보기

Chapter 06

안전교육 내용 및 지도방법

1. 국가수준의 안전교육 내용
2. 안전교육의 지도방법
3. 교사의 역할

학습 목표

1. 국가수준의 유아교육과정에 의거하여 안전교육을 진행할 수 있다.
2. 다양한 방법으로 안전교육을 진행할 수 있다.

1 국가수준의 안전교육 내용

1) 누리과정

2012년 만 5세를 대상으로 시작된 누리과정에서는 유아 안전을 위해서 물리적 환경인 시설 설비를 안전하게 관리하고 유지하는 것을 우선으로 하고 있다. 그러나 아무리 안전한 환경이라도 유아가 안전하게 행동하지 않는다면 안전사고는 발생하게 되므로 유아가 주변의 위험상황에 대한 올바른 인식과 이를 예방할 수 있는 교육이 함께 이루어져야 한다.

누리과정에서의 안전교육의 목표는 '안전한 생활습관을 기른다'로 다양한 안전교육을 반복 지도함으로써 유아가 안전하게 놀이하기는 물론 교통안전 규칙 지키기를 실천할 수 있도록 하며, 일상생활에서 경험하는 잠재적 위험요소를 인식하고 비상시 적절히 대처할 수 있는 능력과 태도를 기르는 데 중점을 두고 있다(보건복지부, 교육과학기술부, 2013).

유아가 신체운동능력을 가지고 건강한 신체 및 정신을 유지하는 것은 자신에 대한 긍정적인 인식을 형성하는 것은 물론 대인관계에서도 자신감을 가질 수 있게 한다. 유아들이 다양한 신체운동활동에 적극적이고 지속적으로 참여함으로써 기본운동능력을 형성하고 건강하고 안전한 생활습관을 기르도록 지원하는 것이 무엇보다 중요하다.

또한 누리과정을 통해 주변을 청결히 하고, 안전에 대한 지식습득과 자신을 지킬 수 있는 기술, 태도를 자연스럽게 습득하는 것은 매우 중요하다.

누리과정 교육과정은 '신체운동 · 건강영역', '의사소통영역', '사회관계영역', '예술경험영역', '자연탐구영역'으로 구성되며, 그중 안전교육은 '신체운동 · 건강영역'에 많이 해당된다. '신체운동 · 건강영역'은 유아기에 필요한 기본 운동능력과 기초체력을 기르고, 건강하고 안전한 생활을 실천하는 능력과 태도를 기르기 위한 영역으로 '신체인식하기', '신체 조절과 기본 운동하기', ' 신체활동에 참여하기', '건강하게 생활하기', '안전하게 생활하기'의 다섯 가지 내용범주로 되어 있으며, 이 중 '안전하게 생활하기'를 제시하면 다음과 같다.

표 6-1 누리과정의 '안전하게 생활하기' 관련 세부 내용

내용범주	내용
안전하게 생활하기	안전하게 놀이하기
	교통안전 규칙 지키기
	비상시 적절히 대처하기

누리과정의 '안전하게 생활하기' 관련 세부 내용은 안전하게 놀이하기, 교통안전 규칙 지키기, 비상시 적절히 대처하기의 내용으로 구성되어 있다.

(1) 안전하게 놀이하기

표 6-2 안전하게 놀이하기 연령별 세부 내용

3세	4세	5세
놀이기구나 놀잇감, 도구를 안전하게 사용한다.		놀이기구나 놀잇감, 도구의 바른 사용법을 알고 안전하게 사용한다.
안전한 놀이 장소를 안다.	안전한 장소를 알고 안전하게 놀이한다.	
TV, 인터넷, 통신기기 등의 위해성을 알고, 바르게 사용한다.		

안전하게 놀이하기는 실·내외 여러 놀이기구 및 놀잇감, 도구를 안전하게 사용하고 안전한 장소에서 놀이하며 전자 미디어를 안전하게 사용하는 데 필요한 지식, 기술, 태도를 형성하도록 구성되어 있다.

(2) 교통안전 규칙 지키기

표 6-3 교통안전 규칙 지키기 연령별 세부 내용

3세	4세	5세
교통안전 규칙을 안다.	교통안전 규칙을 알고 지킨다.	
교통수단을 안전하게 이용한다.		

교통안전 규칙 지키기는 아동의 교통안전 규칙의 중요성을 알고 자동차 사고의 위험으로부터 자신을 보호하기 위한 안전 관련 지식, 기술, 태도를 형성하도록 구성되어 있다.

(3) 비상시 적절히 대처하기

표 6-4 비상시 적절히 대처하기 연령별 세부 내용

3세	4세	5세
학대, 성폭력, 실종, 유괴상황을 알고 도움을 요청한다.	학대, 성폭력, 실종, 유괴상황을 알고 도움을 요청하는 방법을 알고 행동한다.	
재난 및 사고 등 비상시 적절하게 대처하는 방법을 안다.	재난 및 사고 등 비상시 적절하게 대처하는 방법을 알고 행동한다.	

비상시 적절히 대처하기는 학대, 성폭력, 실종, 유괴상황을 알고 도움을 요청하는 방법을 알며 재난 및 사고 등 비상시 적절하게 대처하는 방법을 알고 행동하기 위한 지식, 기술, 태도를 형성하도록 구성되어 있다.

2) 표준보육과정

표준보육과정에서 안전에 관련된 내용은 기본생활영역에 포함되어 있다. 표준보육과정의 기본생활영역은 '건강하게 생활하기', '안전하게 생활하기'로 구분하여 설명하고 있다.

안전하게 생활하기 영역의 성격은 영아기 알아야 할 안전사고와 안전행동을 위한 교육이 강조되고 있다. 또한 영아들이 안전하게 놀이하는 방법과 위험한 상황을 알고, 위험한 상황에서 안전하고 침착하게 행동할 수 있는 방법을 익힐 뿐만 아니라 타인의 안전을 고려하여 안전한 생활을 습관화 하도록 하는 것에 목적을 두고 있다.

표준보육과정에 나타난 안전교육의 연령별 안전범주는 다음과 같다.

표 6-5 0~1세의 안전교육 안전범주

<table>
<tr><th>내용범주</th><th>내용</th><th>1수준</th><th>2수준</th><th>3수준</th><th>4수준</th></tr>
<tr><td rowspan="4">안전하게 생활하기</td><td rowspan="3">안전하게 지내기</td><td colspan="3">안전한 상황에서 놀이한다.</td><td>놀잇감을 안전하게 사용한다.</td></tr>
<tr><td colspan="4">안전한 장소에서 놀이한다.</td></tr>
<tr><td colspan="4">차량 승하차 시 안전장구를 착용한다.</td></tr>
<tr><td>위험한 상황에 반응하기</td><td></td><td>위험하다는 말에 반응을 보인다.</td><td colspan="2">위험하다고 알려주면 주의한다.</td></tr>
</table>

0~1세의 영아는 안전한 상황에서 놀이하기 및 놀잇감을 안전하게 사용하는 것, 안전한 장소에서 놀이하기이다.

표 6-6 만 2세의 안전교육 안전범주

<table>
<tr><th>내용범주</th><th>내용</th><th>1수준</th><th>2수준</th></tr>
<tr><td rowspan="6">안전하게 생활하기</td><td rowspan="2">안전하게 놀이하기</td><td colspan="2">놀이기구나 놀잇감을 안전하게 사용한다.</td></tr>
<tr><td colspan="2">안전한 장소에서 놀이한다.</td></tr>
<tr><td>교통안전 알기</td><td>교통수단의 위험을 안다.</td><td>교통수단의 위험을 알고 조심한다.</td></tr>
<tr><td rowspan="2">위험한 상황 알기</td><td>위험한 상황과 위험한 것을 안다.</td><td>위험한 상황과 위험한 것을 알고 조심한다.</td></tr>
<tr><td colspan="2">위험한 상황 시 어른의 지시에 따른다.</td></tr>
</table>

만 2세의 영아는 놀이규칙에 따라 안전하게 놀이하며 위험한 상황을 알고 조심하고 교통수단의 위험을 알고 조심하는 것에 대한 것, 위험한 상황에 대해 알아 위험한 상황 시 어른의 지시에 따르는 것으로 구성되어 있다.

2 안전교육의 지도방법

영유아를 위한 안전교육은 안전에 대한 관심과 흥미를 유발시킬 수 있도록 지도하는 것이 바람직하다. 따라서 다양한 상황 설정이나 교육기관에서 하루 일과를 보내는 동안 경험하게 되는 여러 가지 상황이나 활동들을 통해서 영유아에게 유의미한 학습이 되도록 하기 위해서는 첫째, 이론교육보다는 구체적인 행동훈련 등 체험교육이 더욱 효과적이다. 영유아는 발달특성상 인지발달과정 중에 있으므로 안전교육방법은 주입식 교수법이 아니라 가능한 실제와 유사한 상황에서 경험 중심적 접근방법을 활용하는 것이 가장 효과적이다. 둘째, 영유아가 이해하기 쉽도록 간단하고 구체적인 용어와 포스터, 교통표지판과 같은 실물을 가지고 설명한다. 셋째, 반복교육으로 지도한다. 영유아의 주의력은 제한되어 있으므로 한 번에 많은 것을 가르치는 것보다 끊임없이 반복적으로 교정하는 것이 효과적이다. 넷째, 또래집단도 적극 활용한다. 또래와의 격려와 인정은 긍정적인 자아상을 형성하게 해주며 사회구성원으로서의 기초를 세운다. 다섯째, 개인차와 성차를 고려해야 한다.

1) 상황 중심 안전교육

실생활 속에서 영유아에게 일어날 수 있는 다양한 안전사고의 예시를 통해 유아들이 직접 문제 상황에 참여하고 행동의 결과를 경험할 수 있는 기회를 제공한다. 이때 교사는 실제와 유사한 상황을 영유아에게 제공하여 영유아로 하여금 여러 가지 안전사고 상황에 처했을 때 해결방법을 모색해 볼 수 있는 기회를 주게 된다. 또한 실제 일어난 안전사고에 대해 미디어나 매스컴을 통해 인지하여, 사고에 대한 상황을 설정하고 사고 위험에서 벗어나기 위한 바람직한 행동 연습을 하는 것이 상황 중심 안전교육이다. 이를 통해 영유아는 예상되는 돌발 사태에 대한 이해를 높이고 궁극적으로 다양한 문제해결능력을 기를 수 있다. 이러한 상황중심 프로그램을 경험한 영유아들은 교통안전, 놀이안전, 화재안전, 생활안전에 대한 지식과 태도에서 긍정적으로 변화, 발전하는 것으로 나타났다(양진희, 2005).

2) 하루 일과 운영에 의한 안전교육

유아교사는 하루 일과를 운영하는 동안 안전교육을 할 수 있다. 안전사고는 하루 일과를 통해 언제든 발생할 수 있는 것으로 순식간에 사고가 일어날 가능성이 많다. 이러한 일과 운영 속에서 교사는 지속적인 관심과 함께 일관성 있는 지도를 하는 것이 중요하다(정정옥, 임미혜, 2010).

(1) 보호

보호란 실내 · 외 환경 내 위험 가능성이 있는 요소들을 영유아들로부터 분리시켜 놓는 것을 의미한다. 예를 들어, 뜨거운 국이나 날카로운 도구는 영유아의 손에 닿지 않는 곳에 두거나 벽면에 부착된 소켓은 안전덮개로 덮어둔다. 횡단보도에서는 영유아의 손을 잡고 건넌다. 또한 교사는 실내 · 외 환경에 위험요소는 없는지 점검표를 마련해 두고 수시로 점검한다.

(2) 규칙

규칙이란 각종 안전사고를 예방하기 위하여 주의해야 할 사항들에 관해서 영유아와 교사가 약속을 하는 것이다. 영유아가 직접 안전규칙을 정함으로써 영유아는 자신의 행동에 대해 책임감을 느끼면서 적극적인 안전태도를 취할 수 있게 지도한다. 안전규칙은 영유아가 쉽게 기억할 수 있도록 연령을 고려하여 몇 가지로 제한하는 것이 중요하다. 일단 정해진 규칙은, 반복적으로 적절한 강화를 주어서 영유아 스스로 자신의 행동을 인식할 수 있도록 한다. 이때 영유아뿐만 아니라 유아교육기관에 근무하는 원장이나 교사도 안전규칙을 철저히 준수하여 좋은 모델링이 되도록 한다.

(3) 훈육

훈육은 영유아가 안전규칙을 지키지 않았을 때 영유아에게 타당하고 엄격하게 가르치는 것을 의미한다. 예를 들면, 놀이기구를 사용할 때 미끄럼틀을 반대로 올라가거나 모래놀이 시 친구의 머리에 모래를 끼얹으면 놀이를 계속할 수 없음을 인지시키는 것이 필요하다다. 이때 처벌보다는 영유아가 위험한 상황임을 이해하고 스스로 지킬 수 있도록 설명해주는 것이 바람직하다.

3) 대소집단 활동에 따른 안전교육

영유아는 주제와 분리된 내용을 배우는 것보다 평소에 진행하고 있는 주제와 연계한 다양한 활동을 통해 배우는 것이 더욱 효과적이다. 예를 들어, 주제가 겨울인 경우 화재와 관련된 내용을 이야기 나누기, 실내 · 외 자유선택놀이, 새 노래지도 및 신체표현, 동화, 역할놀이, 게임, 요리, 미술활동 등의 활동을 통해 안전교육을 실시하는 것이 좋다. 구체적인 방법을 살펴보면 다음과 같다.

(1) 이야기 나누기

이야기 나누기는 교사와 영유아가 함께 서로의 의견을 나눌 수 있는 시간으로 자신의 경험이나 생각을 서로 들려주고, 교실에서의 규칙 세우기, 특별한 주제에 대하여 설명 및 시연, 자유롭게 의견을 교환하고 토론하는 시간이다. 설명 및 시연과 토의, 문제해결방법에 대해 살펴보면 다음과 같다.

① 설명 및 시연

교사가 영유아에게 안전에 대한 설명이나 시범 보이기를 실시했을 때 영유아는 안전에 대한 정보나 지식을 획득할 수 있다. 안전에 대한 지식을 전달해 주거나 현황을 제시하기에는 유용하지만 연습이나 반복적인 훈련이 필요한 안전사고에 대한 기술을 습득하기에는 무리가 있다. 또한 훈련이나 문제해결의 기회를 충분히 주지 못하며 영유아의 자발성과 능동성을 제약한다는 점에서 유의할 필요가 있다.

② 토의

안전사고의 소주제에 대하여 자신의 생각을 발표하고 타인의 생각을 알 수 있는 과정으로 안전과 관련이 있는 갈등상황에서의 문제를 파악하여 자신과 다른 사람들에 대한 이해를 증진시킬 수 있다. 예를 들어, 블록을 던지거나 블록으로 친구를 때리는 경우, 놀이를 방해하는 경우, 놀잇감을 뺏는 경우 등에 대해 토의를 통하여 안전규칙을 만들 수 있다.

이러한 토의는 문제를 해결하기에 좋은 과정으로 여러 가지 대안들 중 가장 안전한 반응을 선택할 수 있다. 또한 영유아 자신에게 문제해결 주도권을 주게 되므로 심리적 위협을 느끼지 않게 하는 장점이 있으며 영유아들의 동기를 유발하여 영유아 스스로 적극적이고 능동적으로 활동에 참여하게 함으로써 자발적이고 공동의 지식을 구성해 가는 경험을 제공하며 갈등상황에 대하여 다양하면서도 안전에 근거한 문제해결능력을 신장시킬 수 있다.

③ 시청각자료

시청각자료를 활용한 안전교육은 현실을 바탕으로 하면서도 탐구심을 충분히 발휘하게 하고, 위험상황에서의 능동적인 대처를 위한 확장적 시고가 가능하며, 이를 통해 안전의식을 향상시킬 수 있다. 특히, 설명 및 시연, 토의, 문제해결 활동 등 이야기 나누기를 효과적으로 하기 위해서는 문자나 문장을 이용한 자료에 비해 그림, 모형, 슬라이드, 영화, VTR, CD-ROM, 인터넷 웹사이트, 녹음자료 등과 같은 시청각 자료를 이용하는 것이 좋다. 또한 유아에게 익숙한 캐릭터 안전맨이나 번개맨, 뽀로로 동영상과 같은 시청각자료를 통해 안전한 상황과 위험한 상황에 대한 판단력을 기르도록 할 수 있다.

(2) 동화

동화는 영유아들이 일상생활을 통해 가장 쉽게 접할 수 있는 활동 중 하나로, 안전 내용의 동화를 들려준 뒤 안전의 실제상황을 자연스럽게 영유아에게 제시할 수 있어 안전사고의 유발상황을 쉽게 인식하는 교육적인 효과를 얻을 수 있는 중요한 교수매체이다.

활동방법으로는 동화를 활용한 안전교육은 유아의 안전교육을 위하여 안전에 관한 내용이 포함된 동화를 들려준 후, 동화 속에 함축된 안전 내용과 관련하여 안전교육 활동을 실시하는 것이다. 동화는 여러 가지 활동의 출발점이 될 수 있으며 안전 내용의 동화를 감상한 후 안전의 실제 상황을 자연스럽게 유아에게 제시할 수 있어, 안전사고의 유발상황을 쉽게 인식하는 교육적인 효과를 얻을 수 있는 중요한 교수매체로 작용한다. 그러므로 유아들에게 흥미롭고 친숙한 동화를 중심으로 교육활동을 구성하는 일은 유아들에게 즐겁고 자연스러운 학습경험을 줄 수 있고, 흥미 있는 안전 주제를 탐색하게 하여 안전에 대한 이해를 증진시키고, 비판적 사고와 위험한 상황에서의 문제해결력을 길러주며, 안전에 대한 지적 기반을 심화시켜 줄 수 있다.

(3) 역할놀이

영유아들은 혼자 있을 때나 또래들과 있을 때 소꿉놀이, 병원놀이, 시장놀이 등 극놀이를 즐겨한다. 극놀이란 영유아들이 흥미롭게 느꼈던 사건이나 자신이 알고 있는 지식을 실제로 놀이를 통하여 표현해 보는 것을 말한다.

영유아는 역할을 맡아서 놀이하는 동안 여러 상황에서 많은 사람들과 직접 · 간접적으로 경험한 것을 이용하는데, 이때 교통경찰관과 운전사, 운전자와 보행자, 동물과 영유아, 유괴범과 영유아 그리고 부모 등 안전사고와 관련된 극놀이를 통해 생활 주변에서 일어날 수 있는 다양한 위험상황에 대해 자발적으로 문제를 해결할 수 있고 새로운 안전 행동이나 기술을 습득하게 된다. 또한 생활 주변에서 부딪치는 여러 가지 위험상황을 경험해 봄으로써 적극적인 대처방법이나 자발적인 문제해결력을 기를 수 있게 된다. 또한 안전과 관련된 역할놀이를 통해 유아는 자기 중심적 사고에서 벗어나 다른 사람의 관점을 이해할 수 있으며 새로운 안전행동이나 기술을 습득할 수 있다.

(4) 게임

게임은 영유아들이 정해진 규칙하에 집단으로 움직이거나 상호작용하는 기회가 될 뿐만 아니라 또래집단과의 상호작용 상황에서 적절하게 반응하는 방법을 경험한다. 다양한 안전 관련 주제를 통한 게임활동을 통해 유아는 안전의 지식을 증진시키기도 하고 게임을 진행하며 지켜야 할 규칙의 중요성을 배울 수 있다. 또한 활동과정 중에 함께 돕는 일의 필요성을 체험하는 기회를 갖는다.

(5) 새 노래 및 신체표현

안전 관련 동요를 부르거나 음악에 맞춰 몸을 움직이고 멈추는 동작활동을 통해 안전교육을 실시할 수 있다. 예를 들어, '불이 났을 때'는 화재안전을 위해 가르칠 수 있는 노래이다. 이 외에도 기차나 비행기 등 여러 가지 교통기관 되어 보기, 빙판길 위에서 스케이트 타기, 수영하기, 불이 났어요 등 창의적 신체표현활동을 통해 안전수칙을 지켜야 할 필요성과 효과를 체험하게 된다.

(6) 요리

요리활동과정은 여러 가지 재료를 보고, 만지고, 썰고, 끓이고, 냄새 맡는 등 오감을 이용하기 때문에 위험한 물건, 화재나 화상에 대한 안전교육을 하기에 적합한 활동이다. 요리활동 시 지켜야 할 안전수칙은 다음과 같다(송희정, 2005).

- 무딘 칼이나 톱니 모양의 플라스틱 칼을 사용한다.
- 낮은 작업대와 의자를 사용하도록 한다. 이때 의자 위에 올라가지 않는다.
- 가열된 기구는 뜨겁다는 것을 알게 한다.
- 가스레인지나 오븐의 불을 끄고 켜는 방법, 불길의 높고 낮음을 알고 불이 꺼져도 그릇은 오래도록 뜨겁다는 것을 알게 한다.

한편, 영유아는 요리활동을 하는 과정에서 교사에게 들은 주의사항을 직접 체험을 통해 확인해 볼 수 있는 기회를 갖게 된다. 즉, 요리도구를 올바르게 사용하지 않으면 요리도구로 인해 다칠 수 있음을 알게 되므로 위험한 물건에 대한 안전을 다루기에 적절한 활동이다. 또한 요리 재료를 가열하고 있는 가스레인지와 뜨거운 요리도구는 화재가 날 수 있고, 화상을 입을 수 있다는 것을 쉽게 이해할 수 있게 되므로 화재와 화상교육에도 적합하다.

(7) 미술

그림 그리기는 영유아 자신이 본 것, 느낀 것, 생각한 것 등의 생활경험을 어떤 동인 또는 충동에 의해 의욕을 가지고 채색도구를 이용하여 주로 종이에 무엇인가를 그리는 활동으로 영유아들이 즐기는 활동이다. 이를 통해 영유아들은 끊임없이 자신과 주변 환경을 탐색하고 조작하며 자신의 생각이나 감정을 자연스럽게 표현하며 신체, 사회성, 인지, 언어발달 등 모든 발달뿐만 아니라 독창성과 창의력 및 문제해결력을 증진시킬 수 있다. 일상생활에서 미술을 경험하고 창의적인 그리기 활동에 참여함으로써 지식과 정보를 확장시키고 자기 자신과 주변 세계를 더욱 잘 이해할 수 있으며 자기 표현력과 의사소통의 수단이 되기도 한다.

손진희(2006)의 연구에서는 신호등이 있는 횡단보도 건너기 방법을 순서대로 그리기, 비오는 날의 옷차림과 우산을 바르게 들고 가는 그림 그리기, 교통안전표지판 그리기, 영유아에게 버스가 그려진 그림을 주고 버스 안에서의 위험한 행동을 그리게 한 뒤 어떤 일이 벌어질지 생각해 보기 등의 그림 그리기가 교통안전교육에 효과가 있는 것으로 나타났다.

4) 부모교육을 통한 안전교육

영유아에 대한 안전교육은 유아교육기관에서만 이루어지는 것이 아니라 영유아와 가장 가까운 곳에서 생활하는 부모나 양육자가 함께 실천하는 것이 중요하다. 즉, 영유아를 돌보는 양육자나 부모를 통해 일관성 있는 교육이 필요하며 안전에 대한 반복교육이 필요하다. 또한 교육이 이루어졌을지라도 부모가 안전수칙을 지키는 모델링이 이루어지지 않으면 안전교육의 효과를 거두기 힘들다. 따라서 부모교육은 직접적인 부모교육, 안전에 관련된 직업을 가진 부모의 참여수업과 같은 형태로 이루어질 수 있으며 이외에도 교육기관과 가정의 연계활동으로 가정통신이나 가정 활동지, 교육기관의 홈페이지, 문자 등으로 이루어질 수 있다.

5) 지역사회 연계를 통한 안전교육

지역사회의 소방서, 경찰서 등에서는 무료로 안전교육을 실시하고 있다. 안전교육은 교육기관의 영유아가 직접 소방서나 경찰서에 방문하거나 소방관이나 경찰관이 교육기관에 파견되어 교육을 실시하는 방법으로 이루어지고 있다. 안전에 관련된 현장학습은 영유아가 걸어서 갈 수 있는 경찰서, 소방서를 통해 안전에 대한 개념 형성과 이해의 폭을 넓힐 수 있고, 지식, 가치, 태도, 기술 등을 형성할 수 있기 때문에 매우 효과적이다.

3 교사의 역할

유아교사는 영유아의 안전생활 습관과 태도 형성에 많은 영향을 주는 모델링이다. 따라서 안전한 실내·외 환경을 제공해서 영유아가 안전하도록 하며, 주의 깊은 관찰과 일관성 있는 지도를 통해 영유아 스스로가 자신의 건강과 안전을 보호하고 유지하는 데 필요한 안전에 대한 지식과 기술, 태도 등을 형성할 수 있도록 도와주어야 한다. 또한 발생 가능한 불의의 사고에 대비하여 처리절차나 대비책을 마련해 놓아 신속하게 처리할 수 있어야 한다. 이를 위해 교사도 안전교육에 대한 훈련을 정기적으로 받아야 하며 안전교육을 위한 교사의 구체적인 역할은 다음과 같다(임미혜, 정정옥, 2010).

첫째, 영유아에게 안전규칙을 지키는 모델링이 되어야 한다.

둘째, 영유아에게 안전한 환경을 제공하기 위해 영유아가 등원하기 전에 교사는 각 활동영역의 안전을 간단하게 점검해야 한다. 또한 실내 · 외 시설 설비 점검표를 비치해 두고 수시로, 정기적으로 점검한다.

셋째, 교실에서의 안전을 도모할 수 있는 정책과 방침을 세우고 결정하여야 한다. 특히, 응급상황을 대비하여 구급약품과 용품을 항상 구비해두고, 교사 전용 전화기 옆에는 응급상황 발생 시 교사들이 손쉽게 활용할 수 있도록 비상연락망을 정비해 둔다.

넷째, 영유아들에게 다양한 교수자료와 방법을 사용한 안전교육을 통해 안전에 대한 지식, 태도와 행동 기술을 증진시켜야 한다.

다섯째, 현장 관찰과 현장 학습을 통해 실생활에서 안전학습을 도모하며 실제 상황에서의 대처방안에 대한 모색을 격려한다.

여섯째, 영유아 안전교육을 위해 가정과 지역사회와 연계하여 안전에 대해 배운 내용을 가정에서도 실시할 수 있도록 한다.

PART

02

주제별 안전교육의 이론과 실제

Chapter 07

생활안전

1. 생활안전교육의 필요성
2. 생활안전교육의 목표 및 내용
3. 생활안전교육활동의 실제

학습 목표

1. 생활안전사고의 유형을 교육할 수 있다.
2. 생활안전에 대한 교육을 할 수 있다.

현대는 사회적, 문화적으로 편리해졌지만 과거에 존재하지 않았던 다양한 안전사고에 노출되어 있다. 가정, 유아교육기관 및 공공시설에서 많이 일어나고 있는 생활 안전사고는 방심하는 순간 일어나는 경우가 많으므로 안전한 환경을 만들고 세심한 주의를 기울이면 충분히 사고를 예방할 수 있다.

1 생활안전교육의 필요성

먼저 가정이나 유아교육기관에서 안전사고는 사소한 위험요소에 주의를 기울이지 않음으로써 발생하는 경우가 많으므로 부모나 교사는 생활안전에 대해 인지하고 있어야 한다.

교육부에서 제시한 생활안전은 시설안전, 실내활동, 실외활동, 신체활동, 여가활동안전, 식생활안전이 포함되어 있다. 시설, 실내, 실외에서 일어날 수 있는 부분을 장소로 나누었을 때 생활안전은 가정과 교육기관 및 공공시설의 내부와 외부에서 일어날 수 있는 활동들이라 할 수 있다. 공공시설은 병원, 식당, 대형마트나 백화점, 시장, 찜질방, 공원이나 유원지, 도서관, 박물관, 놀이터 등을 일컫는다. 많은 영유아는 공공시설을 이용하는 것에 익숙하지 않기 때문에 공공시설에서는 안전한 환경을 갖추어 사고를 예방하고 대책 방안을 마련해 두어야 한다. 또한 공공시설의 특징을 이해하고 각 장소에서 지켜야 할 규칙을 알 수 있도록 교육할 필요가 있다.

2 생활안전교육의 목표 및 내용

1) 교육목표

사고는 예측이 가능한 상황보다 예측이 불가능한 상황에서 더욱 빈번하게 일어나기 마련이다. 그러므로 사소한 것부터 조심을 기울인다면 생활안전사고를 줄일 수 있다. 주로 미끄러지거나 찔리거나 베이는 사고, 추락, 충돌, 섭취, 화재 및 화상 등의 사고가 일어날 수 있으므로 이에 대한 안전지식, 기술, 태도를 길러주어야 한다.

2) 교육 내용

(1) 가정 및 교육기관에서 일어날 수 있는 생활안전사고

① 미끄러지는 사고

- 욕실 바닥에 미끄럼 방지 스티커나 고무 빌판을 놓는다.
- 방바닥에 전선이나 걸려 넘어질 만한 물건은 바로 치운다.
- 슬리퍼나 나일론 양말을 신은 채 계단을 오르내리지 않는다.

② 찔리고 베이는 사고

- 가위, 목공도구, 청소용구는 안전하게 보관한다.
- 꽃병이나 바늘, 유리 파편 등을 확인한다.
- 도자기나 유리제품은 안전하게 보관한다.
- 날카로운 물건은 쓰레기에 섞지 않고 따로 담아 버린다.

③ 추락 및 끼임 사고

- 베란다와 벽의 이음새가 녹이 슬지 않았는지 점검한다.
- 베란다 난간이 너무 낮지 않은지 점검한다.

- 문을 살살 닫고 장난치지 않는다.
- 손끼임 방지를 설치한다.

④ 섭취 및 삼키는 사고

- 의약품, 세제는 안전하게 보관한다.
- 장난감, 건전지, 자석 등 작은 것들을 삼키지 않는다.

⑤ 화재 사고

- TV나 라디오, 컴퓨터 내부의 먼지를 제거한다.
- 난방기구를 사용하지 않을 때는 밸브를 잠그거나 플러그를 뺀다.
- 작동 중인 난방 기구는 이동하지 않는다.

자료 : 어린이 안전교육관 http://www.isafeschool.com/참고

그림 7-1 **가정 안전사고 체험관 모습**

(2) 공공시설에서 일어날 수 있는 생활안전사고

① 대형마트나 백화점

대형마트나 백화점의 에스컬레이터와 무빙워크, 승강기는 영유아뿐 아니라 어른들에게도 사고가 날 가능성이 높다는 사실을 잊어서는 안 된다. 영유아들이 제일 많이 나는 사고는 발끼임 사고로 대형사고로 연결될 수 있으므로 주의하여야 한다.

- 에스컬레이터와 무빙워크 탑승 시 영유아에 대한 보호자의 교육과 관찰이 필요하다.
- 에스컬레이터와 무빙워크 탑승 시 디딤판의 황색 안전선에서 발이 벗어나지 않도록 주의한다.
- 에스컬레이터와 무빙워크 탑승 시 어린이용 고무재질로 된 샌들, 신발끈, 긴 옷 등이 틈새에 끼이지 않도록 주의한다.
- 유모차나 쇼핑카트는 에스컬레이터에서 절대 사용하지 않는다.
- 에스컬레이터와 무빙워크 탑승 시 손잡이 밖으로 몸을 내밀지 않는다.
- 쇼핑카트에 영유아를 태울 시에는 최대 허용 체중을 확인한다.
- 쇼핑카트에 타고 있는 영유아는 자리에서 절대 일어서지 않도록 주의시킨다.
- 자동문, 회전문에 손이나 발이 끼이지 않도록 주의시킨다.

② 유원시설

유원시설에는 물놀이를 할 수 있는 유원지, 에버랜드나 롯데월드 같은 놀이공원이 이에 속한다. 놀이공원의 경우 사람들이 재미와 스릴을 느낄 수 있도록 계속적으로 새로운 방식의 놀이기구가 설치됨에 따라 그 위험성이 증가되고 있기에 그만큼 더 많은 안전점검과 안전교육이 필요하다.

- 안전장치가 없어서 영유아가 떨어질 위험이 있다고 생각되는 놀이기구나 낡은 놀이기구에는 태우지 않는다.
- 동전주입 놀이기구 이용 시 좌석에서 일어서거나 이탈하는 행동은 하지 못하게 보호자가 지도한다.
- 놀이공원에서는 이용하고자 하는 놀이기구에 게시된 안내사항 및 주의사항을 꼭 숙지한 후 이용한다.
- 놀이기구 이용 시 안전벨트를 반드시 착용하고, 언제나 안전요원의 지시에 따라 행동하도록 한다.

③ 식당

식당은 건물 안에 식사를 할 수 있게 시설을 갖춘 장소 혹은 음식을 만들어 손님들에게 파는 가게를 일컫는다. 영유아에게 식당에서의 안전사고는 화상이 가장 많다. 뜨거운 음식을 나르거나, 음식을 먹는 식당에서 돌아다니는 아이들에 부딪혀 뜨거운 음식을 쏟거나 무조건 입에 대보고 만져보는 아이들 특성상 피부가 여리고 약한 영유아들의 화상문제가 크다. 또한 식당은 가정과 유아교육기관과는 다르게 모든 모서리 부분이 뾰족하고 보호대가 없기 때문에 쓸려 살이 찢어지거나 살이 파이는 문제가 발생할 수 있고 단층 좌식이 아닌 식당들은 영유아들이 걷고 뛰다가 떨어져 사고가 날 수 있는 문제 등 여러 문제가 도사리고 있다.

- 보호자들이 영유아들에게 안전주의를 주어야 하고 항시 보호자와 동행한다.
- 영유아들과 갈 식당을 사전에 알아본 후 영유아들에게 안전할 수 있는 곳을 간다.
- 그릇 등 물건이 진열되어 있는 곳을 가지 않는다.

3 생활안전교육활동의 실제

우리 반의 약속

활동목표

- 학급 내 규칙과 약속의 필요성을 안다.
- 우리 반에서 함께 정한 약속이 무엇인지를 안다.

활동자료

교사와 유아, 유아끼리 새끼손가락을 걸고 약속하는 그림, 화이트보드 또는 색지를 붙인 이야기 나누기 판, 마커 또는 매직

활동방법

1. 일상생활에서 약속과 규칙이 사용되는 경우에 대해 이야기 나눈다.
   - 우리가 횡단보도를 건널 때 신호등이 빨간 불이면 어떻게 해야 할까요?
   - 도서관에서 시끄럽게 떠들면 어떻게 될까요?
2. 우리 반에서 약속과 규칙이 있어야 함을 이야기 나눈다.
   - 파란불에 길을 건너고, 도서관에서 조용해야 하는 것은 약속과 규칙이에요. 우리 반에도 이러한 약속과 규칙이 필요할 때가 있어요.
3. 그림자료를 이용하여 우리 반에서 약속과 규칙이 필요한 상황에 대해 이야기 나눈다.
   - 선생님과 친구들이 지켜야 할 약속은 무엇이 있을까요?
   - 친구들 사이에 지켜야 할 약속은 무엇이 있을까요?
4. 여러 약속들 중 생활 전반에 걸쳐 지켜야 할 주요 규칙을 4~6개가량 고른다.
   - 우리반에서 지켜야 할 약속들이 여러 가지가 있어요. 이 중에서 가장 중요한 약속들을 네 가지만 골라볼까요?
5. 우리 반에서 지켜야 할 약속을 종합하여 써본다.
   - 선생님, 친구들과 지켜야 할 약속은 무엇이 있었나요?

6. 써 놓은 약속판을 교실 벽면에 붙인다.

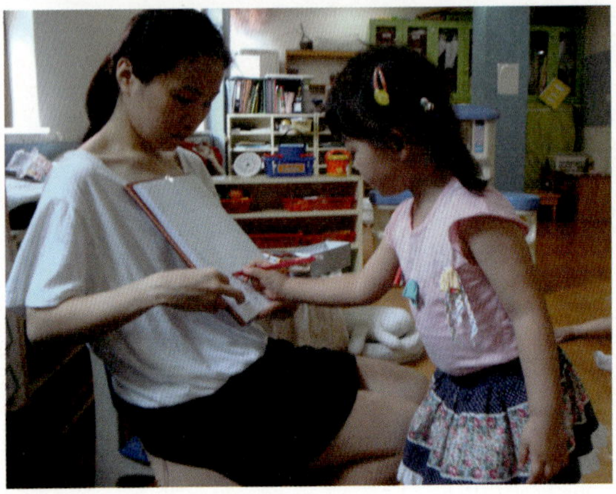

영역 약속판 만들기

활동목표

- 여러 사람과 함께 생활하기 위해서는 규칙이 있어야 함을 알고 이를 지킨다.
- 규칙을 지키기 위해서는 다른 사람을 배려해야 함을 안다.
- 도구를 사용하여 소근육활동을 한다.

활동자료

칠판, 필기도구, 종이, 헌 잡지책, 색지

활동방법

1. 역할놀이영역에서 문제상황이나 갈등이 생겼을 경우 어떻게 해결할 수 있을지 이야기 나눈다.
   - 역할놀이영역에서 놀이할 때 불편하거나 속상했던 적 있었나요?
   - 왜 그랬었나요?
2. 역할놀이영역에서 지켜야 할 약속에 대하여 이야기 나눈다.
   - 역할놀이영역에서 친구와 재미있게 놀이하려면 어떻게 하면 좋을까요?
3. 영역 약속판을 만드는 방법에 대하여 이야기 나눈다.
   - 우리가 만든 약속을 잊지 않고 교실에서 계속 지키려면 어떻게 하면 좋을까요?
4. 약속판의 시안을 제작한다.
5. 시안을 토대로 하여 약속판을 만든다.
6. 만든 약속판을 영역의 잘 보이는 곳에 붙인다.

확장활동

화장실에서 지켜야 할 약속, 실외놀이터에서 지켜야 할 약속 등에 대하여 이야기 나눈 후 약속판을 만든다.

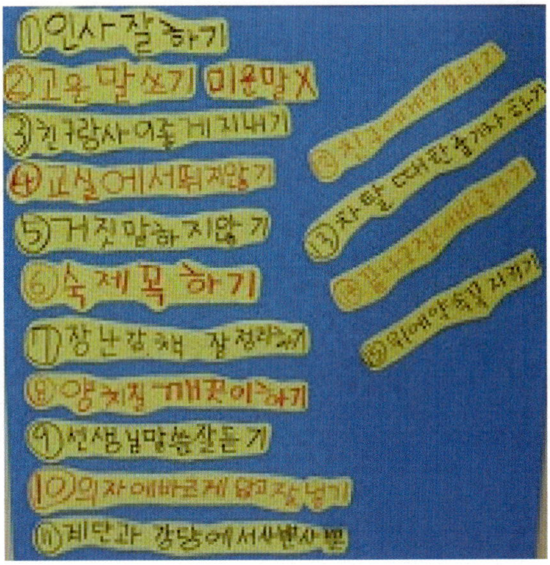

유치원(어린이집) 만들기

활동목표

- 유치원(어린이집)을 만들기 위해 필요한 내용에 대해 말할 수 있다.
- 다른 사람의 이야기를 주의 깊게 듣는다.

활동자료

'어린이집을 살펴보아요'에서 이야기 나눈 내용이 적힌 종이, 유치원(어린이집) 배치도, 상자, 풀, 종이, 가위 등

활동방법

1. 유치원(어린이집)을 만들기 위해 필요한 내용에 대해 이야기를 나눈다.
   - 여기는 어디였나요?
   - 사람들이 배치도를 보고 여기가 어떤 곳인지 알려면 어떻게 표시해주어야 할까요?
   - 뭐라고 써줘야 할까요? 그림으로 알려줄 수 있을까요?
   - 교실의 문은 어디에 표시해야 할까요?
2. 배치도에 따라 상자를 나누어 유치원(어린이집)을 만들어본다.
   - 우리 유치원(어린이집)은 몇 층이니?
   - 한 층에 몇 반이 있니?
3. 상자에 각 교실을 꾸며본다.
   - 교실 안에는 무엇이 있니?
   - 협동하여 교실을 꾸며주도록 하자.

확장활동

가정에서 우리집 만들기를 진행한다.

어떤 일이 일어났을까?

활동목표

- 교실에서 일어날 수 있는 안전사고에 대해서 알아보고 교사의 말을 경청한다.
- 교실에서 일어날 수 있는 안전사고의 대처방법을 이해한다.

활동자료

교실에서 일어날 수 있는 안전사고 그림자료

활동방법

1. 교실에서 일어날 수 있는 안전사고 그림을 보며 이야기 나눈다.
   - 교실에서 무슨 일이 일어난 것 같나요?
   - 친구가 많이 아파하고 있나요? 왜 이런 일이 생겼을까요?
   - 이런 일이 생기지 않도록 하기 위해서는 어떻게 해야 할까요?
2. 교실에서 꼭 지켜야 하는 일들에 대해 이야기 나눈다.
   - 우리가 교실에서 지켜야 하는 약속이 있나요?
   - 친구가 약속을 지키지 못할 경우 우리는 어떻게 해야 할까요?
   - 약속을 잊어버리지 않기 위해 할 수 있는 일들은 무엇이 있나요?
   - 우리가 잘 지킬 수 있도록 구호를 만들어 보면 어떨까요?

활동 시 유의점

교실 안전에 대한 이야기와 약속에 대해 다시 한번 상기시키고 잘 지킬 수 있는 방법에 대해 지속적으로 안내하도록 한다.

확장활동

조심해야 하는 일을 포스터로 그려서 유아교육기관 복도나 동생반에게 알려준다.

끈 달린 옷은 목 풀림을 조심하세요

자석, 구슬을 삼키면 안돼요

블라인드 줄로 절대 장난치면 안돼요

보호장구를 써야 다치지 않겠죠?

Chapter 08

놀이 · 운동안전

1. 놀이 · 운동안전교육의 필요성
2. 놀이 · 운동안전교육의 목표 및 내용
3. 놀이 · 운동안전교육활동의 실제

학습 목표

1. 놀이(운동)안전사고의 유형을 교육할 수 있다.
2. 놀이(운동)안전에 대한 교육을 할 수 있다.

영유아는 하루의 대부분을 놀이하면서 보내고, 놀이를 통해 배운다. 또한 놀이와 운동을 하면 엔돌핀의 분비가 증가되어 기분이 좋고 뇌의 혈액 순환을 좋게 하여 맑은 정신을 갖게 한다. 영유아가 잘 놀고 운동하였을 때 비로소 깊은 수면을 할 수 있고, 성장 호르몬 분비가 증가되어 영유아의 성장 발달이 이루어질 수 있다.

그러나 영유아의 발달상태나 대처능력 부족은 놀이나 운동 시 사고를 일으킬 수 있으며, 놀이를 통해 접하게 되는 장난감이나 놀이 및 운동기구의 안전성에 대한 주의도 필요하다.

이 장에서는 놀이(운동)안전교육의 필요성과 내용 및 활동의 실제에 관하여 살펴보고자 한다.

1 놀이 · 운동안전교육의 필요성

영유아기에는 하루 일과 중 놀이가 많은 비중을 차지하는 만큼 놀이 중에 안전사고도 빈번히 발생하고 있다. 놀이 중 발생하는 안전사고는 놀이의 매개가 되는 놀잇감과 놀이기구로 인한 사고 등이 주된 원인이다. 놀이기구의 안전성 결여와 영유아의 안전을 고려하지 않고 제작된 놀잇감, 유해물질이 함유된 놀잇감은 안전하지 못하다. 이와 함께 영유아의 놀이 시 놀잇감에 대한 사용상의 부주의와 놀이기구 이용 시 안전규칙을 지키지 않는 것도 안전사고의 중요한 원인이 되고 있다. 따라서 안전사고 예방을 위해서는 법적 규제와 안전한 놀잇감 선택 및 관리도 중요하지만 놀잇감과 놀이기구를 사용하는 영유아들이 기본적인 놀잇감과 놀이기구 이용 안전 수칙을 이해하고 준수하며, 놀이 규칙을 습관화하여 지키면서 놀이를 하는 것도 필요하다.

이와 함께 영유아가 좋아하는 운동 중 특히 안전사고 위험이 많은 자전거, 롤러스케이트, 물놀이, 겨울놀이(스케이트, 스키) 등의 운동을 안전하게 즐길 수 있도록 적절한 안전교육을 실시하여야 한다.

2 놀이 · 운동안전교육의 목표 및 내용

1) 교육목표

영유아 놀이안전교육의 목표는 일상생활에서 놀이를 하며 학습을 하는 영유아로 하여금 놀이에 대한 안전의 지식, 기술, 태도를 배우는 것이라 할 수 있다. 따라서 영유아가 안전한 놀이를 통해 다양한 경험을 쌓을 수 있도록 지도하는 것이 좋다. 놀이안전교육에 대한 목표는 다음과 같다.

첫째, 교사는 영유아가 안전한 상황에서 놀이를 할 수 있도록 환경을 마련하는 것이 중요하다. 이를 통해 영유아로 하여금 놀이안전사고가 일어나지 않도록 지도한다.

둘째, 교사는 영유아가 교재, 교구 및 놀잇감을 가지고 안전하게 놀이할 수 있도록 지도할 필요가 있다. 그에 따른 안전에 대한 지식 및 기술을 가르쳐야 한다.

셋째, 각종 스포츠를 즐기기 위한 기본 기능을 익히고, 스포츠 기구의 안전한 사용방법을 안다.

2) 교육 내용

(1) 놀이를 통한 안전

놀이안전은 놀이를 하기 전 놀이환경이 안전한지에 대한 점검이 우선되어야 하며 이에 대한 놀이안전에 대한 지식을 숙지하고 적합한 교수자료로 교육이 이루어져야 한다. 이에 따른 놀이환경의 안전에 대한 내용은 다음과 같다.

① 놀잇감 선택 시

- 교재 교구 및 놀잇감 구입 시 '안전' 마크나 '검' 마크가 있는지 확인한다.
- 영유아의 발달수준에 적절한지 생각한다.
- 유해성분이 허용치 이하인지 확인한다.

- 영아의 경우 질식사 예방을 위해 3.5cm 이상의 크기인지 확인한다.
- 놀잇감을 보관할 때는 종류별로 정리하여 놀잇감을 찾다가 다치지 않도록 한다.
- 놀잇감에 위험한 부품이 있는지, 모서리가 날카롭지 않은지 확인한다.
- 모든 놀잇감을 주기적으로 위험성 여부를 점검하여 수리한다.

② 놀이기구 및 놀잇감 사용 시

- 안전한 곳에서 놀이를 하도록 한다.
- 놀이규칙을 지킨다.
- 놀이기구를 안전하게 이용한다.
- 놀잇감 안전하게 사용한다.
- 놀이 중 안전한 옷을 입는다.
- 위험한 물건을 가지고 놀지 않는다.
- 놀잇감이 위험한 도구로 사용될 때는 올바른 사용법을 알려준다.
- 놀잇감을 방치하여 넘어지거나 다치는 일이 없도록 한다.

(2) 운동을 통한 안전

영유아가 안전하게 운동을 하기 위해 고려해야 할 사항은 다음과 같다.

- 발달수준에 맞는 운동기구를 선택한다.
- 기구가 안전검사를 받은 제품인지를 확인한다.
- 사용법이나 운동방법에 대한 교육을 한다.
- 안전 보호장구를 반드시 착용한다(안전모, 장갑, 무릎 보호대, 신발 등).
- 운동을 즐기기 위한 기본 기능을 익힌다.
- 운동을 할 수 있는 장소에서 한다.
- 운동 전후에는 근육이완을 위한 준비 운동과 마무리 운동을 한다.

자전거

- 핸들은 양손으로 잡고, 바른 자세로 탄다.
- 곡예를 하듯이 장난을 치거나 서로 경주하지 않는다.
- 인도와 차도의 구별이 없는 도로에서 자전거는 길 오른쪽으로 타야 한다.
- 도로의 미끄럼 방지턱이나, 인도와 차도의 구분턱을 주의하여 탄다.

인라인스케이트

- 물건을 들고 타면 몸의 균형을 잃고 넘어져 다칠 수 있으므로 물건을 들고 타지 않도록 한다.
- 인라인스케이트를 신고 계단을 오르내리지 않는다.

킥보드

- 내리막길에서는 가속이 되어 위험하므로 킥보드에서 내려 걷는다.
- 사람들이 많은 곳에서는 속력을 줄여 천천히 탄다.
- 주변 사람들과 부딪히지 않도록 조심한다.

스케이트보드

- 전문가들의 묘기를 흉내 내지 않는다.
- 승용차나 자전거 등을 잡고 타지 않는다.
- 차가 다니지 않는 안전하고 넓은 공터나 공원 등에서 타도록 한다.

❖ 운동기구별 안전수칙

(3) 계절 놀이 및 운동안전

① 물놀이

- 수영을 할 때는 수영복과 함께 수영모, 물안경을 쓴다.
- 물에 들어가기 전에는 반드시 준비운동을 해야 한다.
- 수영을 하면서 껌이나 사탕 등을 먹지 않는다.
- 위급한 일이 있으면 한쪽 팔을 최대한 높이 흔들어 도움을 청한다.
- 수영장 주변은 바닥이 미끄럽기 때문에 조심해서 걸어 다닌다.
- 친구를 밀거나 장난을 치지 않는다.
- 수영 후에는 깨끗한 물로 씻고 몸을 따뜻하게 한다.

② 스키 및 썰매

- 썰매는 구조적으로 안정된 것을 탄다.
- 썰매를 엎드려 타지 않는다.
- 스키는 장비가 몸에 맞는 것을 선택한다.
- 보드는 세웠을 때 코보다 낮은 것을 선택한다.
- 방수 가능한 긴 옷과 장갑을 착용한다.
- 능력에 맞추어 난이도를 결정한다.
- 다른 사람과 같은 방향으로 탄다.
- 앞 사람과 적절한 거리를 유지한다.

놀이터 가기 전

놀이터에 가기 전에 안전한 옷을 입혀주세요.

	Yes	No
• 끈이 달려 있는 옷을 입고 있나요?	☐	☐
• 목걸이와 같은 장신구를 하고 있나요?	☐	☐

놀이터의 안전약속, 확인해 주세요.

	Yes	No
움직이고 있는 그네 앞으로 지나가지 않아요.		
• 아이가 약속을 알고 있나요?	☐	☐
미끄럼은 계단으로 올라가요.		
• 아이가 약속을 알고 있나요?	☐	☐
미끄럼틀 높은 곳에서 뛰거나 장난치지 않아요.		
• 아이가 약속을 알고 있나요?	☐	☐
모래를 던지거나 눈에 뿌리지 않아요.		
• 아이가 약속을 알고 있나요?	☐	☐

놀이터에서

놀이터가 안전한지 점검해보세요.

	Yes	No
• 놀이터 바닥에 고무매트나 충분한 모래가 깔려있나요?	☐	☐
• 훼손된 사실이 없나요?	☐	☐
• 깨진 유리조각, 날카로운 모서리를 가진 물건이 없나요?	☐	☐
• 놀이기구가 녹슬거나 망가진 곳은 없나요?	☐	☐

놀이터에서 사고가 나면 어떻게 해야 할까요?

1. 다친 아이를 안전한 곳으로 옮기고 관리자에게 사고를 알립니다.
2. 해당 놀이터에 손해배상책임보험이 가입되어 있는지 확인하고 손해배상을 청구합니다.
3. 만약의 경우를 대비하여 사고현장 시설물과 내용의 사진을 찍어둡니다.

※ 참고하세요!! 한국생활안전연합 놀이터 안전센터 http:www.playsafety.or.kr

❖ **놀이터 안전에 대한 안전사항 지도**

자료 : 놀이터 안전센터, http://www.safehome.or.kr/ 참고

3 놀이 · 운동안전교육활동의 실제

자전거로 운동을 해요

활동목표

- 동화 영상에 관심을 갖는다.
- 자전거 전용도로에 대해서 이해할 수 있다.
- 자전거로 운동을 할 수 있다.

활동자료

지철이의 하루(동영상), 뽑기통, 게임판, 박스자전거, 자전거 전용 도로표지판

활동방법

1. 주의집중 및 '지철이의 하루'에 대한 이야기 나누기를 한다.
2. '지철이의 하루' 영상을 본다.
3. 영상을 보고 난 후 회상하며 이야기를 나눈다.
   - 지철이는 왜 병원에 갔을까?
   - 아프지 않으려면 의사선생님이 어떻게 해야 한다고 하셨을까?
4. 자전거 전용도로 표지판을 소개한다.
   - '자전거만 다니는 곳이에요'라고 말해주는 표지판이야 이름은 자전거 전용도로 라고 해.
5. 게임 설명을(시범 보이기) 해준다.
   - 자전거 경주를 위해 무엇이 필요할까? 선생님이 자전거를 만들어 왔어.
   - 주의 할 점을 이야기하고 팀을 나누어 앉는다.
6. 게임을 한다.
7. 활동을 회상하며 이야기 나눈다.

활동 시 유의점

1. 영상을 틀 때와 끌 때 집중이 흐트러질 수 있으니 주의한다.
2. 게임을 할 때 혼자서 잘 할 수 없는 유아는 도움을 준다.

활동평가

1. 병원에 가지 않기 위한 방법을 말할 수 있는지 평가한다.
2. 자전거 전용도로를 보고 이해할 수 있는지 평가한다.

확장활동

1. 나만의 자전거를 만들어 본다(박스, 바퀴, 꾸밀 재료).
2. 자전거도로를 그림으로 그려본다.

겨울놀이를 알아보아요

활동목표

- 겨울에 할 수 있는 놀이에 대해 관심을 갖는다.
- 겨울철 놀이들의 활동방법을 안다.
- 겨울철 건강에 대해 알 수 있다.

활동자료

겨울놀이 사진(눈싸움, 눈썰매, 스키, 팽이치기, 얼음썰매, 얼음낚시)

활동방법

1. 겨울동요를 부르며 주의집중을 한다.
   - 겨울바람
2. 겨울의 날씨 특징에 대해 알아본다.
   - 오늘 바깥 날씨가 어땠어요?
   - 친구들은 눈이 내리는 날 밖에 나가본 적 있어요?
3. 겨울철 놀이에 대해 알아본다.
   - 추운 겨울에 밖에서 할 수 있는 놀이는 무엇이 있을까?
   - 겨울에 할 수 있는 놀이는 주로 어떻게 나뉘는 거 같니?
   - 얼음에서 할 수 있는 놀이는 무엇이 있을까?
   - 눈 위에서 할 수 있는 놀이는 무엇이 있을까?
4. 겨울철 놀이의 방법을 알아본다.
   - 팽이치기, 얼음썰매, 얼음낚시
   - 눈썰매, 스키, 눈싸움
5. 놀이안전에 대해서 알아본다.
   - 이렇게 눈 위에서나 얼음 위에서 놀이를 할 때에는 주의해야 할 행동이 몇 가지가 있어요.
   - 손 넣고 다니지 않기, 얇은 옷 여러 겹 입기, 얼음 위에서 조심히 다니기

활동 시 유의점

- 겨울철 놀이안전에 대해서도 충분히 이야기 나눈다.

활동평가

- 겨울놀이에 대해 이야기를 나눌 때에 유아들이 지루해하지 않는지 평가해본다.

확장활동

1. 실외놀이를 할 때에 직접 눈사람을 만들어 본다.
2. 겨울놀이 중 하나인 스케이트 동작을 표현해본다.

놀이터 탐색하며 자유롭게 놀기

활동목표

- 놀이터의 곳곳을 탐색하며 자유롭게 놀이를 한다.
- 안전하게 놀이를 한다.

활동자료

각종 실외놀이 기구와 놀잇감

활동방법

1. 실외놀이를 가기 전에 안전하게 놀이하는 방법에 대해 이야기 나눈다.
   - (   )을 탈 때는 어떤 점을 조심해야 할까요?
   - (   )을 즐겁게 타기 위해서 우리가 해야 할 일은 무엇인가요?
2. 놀이터를 돌아보며 자유롭게 놀이를 하도록 한다.
   - 그네 타는 곳은 어디일까요?
   - 모래놀이터에서 사용하는 놀잇감은 어디에 있을까요?
   - 놀이 후에 우리는 무엇을 해야 할까요?

활동 시 유의점

1. 놀이에 방해가 되지 않는 수준에서 놀이기구별 안전수칙을 지속적으로 상기시킨다.
2. 실외활동을 하기 어려운 경우 대근육실의 안전규칙 및 놀이도구 사용에 대해 알아보고 놀이하도록 한다.

친구와 함께 자전거 타기

활동목표

- 빠르게, 느리게 등 다양한 방법으로 자전거를 탄다.
- 친구를 태워주거나 친구 자전거 뒤에 타는 경험을 할 수 있다.

활동자료

자전거

활동방법

1. 자전거를 함께 타는 방법에 대해 이야기 해본다.
   - 친구와 함께 자전거를 타는 방법엔 어떤 것이 있을까요?
   - 누가 누구를 태워줄 수 있을까요?
   - 어떻게 밀어줄 수 있을까요?
2. 친구와 함께 자전거를 타본다.

활동 시 유의점

1. 실외놀이터에 별도의 자전거 길을 만들어 준다.
2. 실외놀이터가 없거나 날씨로 인해 실외놀이를 하지 못할 경우 '자전거'와 관련된 노래에 맞춰 리본테이프를 흔들며 몸 움직이기를 할 수 있다.

확장활동

자전거 교통표지판 등을 만들어 놀이에 활용할 수 있다.

겨울철 놀이와 안전

활동목표

- 눈과 얼음을 이용한 겨울철 놀이에 대해 알아본다.
- 안전하게 겨울철 놀이를 즐기는 방법을 알고 실천한다.

활동자료

겨울철 놀이하는 모습 사진 자료

(썰매 타기, 눈사람 만들기, 눈싸움 하기, 스케이트 타기, 스노보드 타기, 스키 타기)

활동방법

1. 유아들의 겨울놀이 경험을 이야기 나눈다.
   - 어떤 놀이를 해 보았나요?
   - 친구들과 함께 하고 싶은 놀이는 어떤 것이 있나요?
2. 그림자료를 보면서 다양한 겨울 놀이에 대해 알아본다.
3. 겨울놀이 할 때의 안전에 대해 이야기 나눈다.
   - 겨울놀이를 할 때 주의해야 할 것은 무엇일까요?
   - 눈싸움을 할 때는 어떤 점을 주의해야 할까요?
   - 겨울놀이를 하면서 위험했던 적이 있나요?
4. 안전한 겨울놀이를 위해 필요한 것과 놀이방법을 이야기 나눈다.
   - 눈을 이용한 놀이를 할 때 어떤 옷차림을 해야 할까요?
   - 썰매나 스케이트는 어디에서 타야 할까요?
   - 얼음에서 놀이할 때는 무엇을 주의해야 할까요?
   - 썰매장에는 왜 안전요원이 있을까요?
5. 그림자료를 보면서 놀이상황에 따라 안전에 대하여 주의해야 할 것들을 다시 확인해 보면서 안전하게 놀이하는 방법을 기억한다.

확장활동

1. 실외에서 다양한 겨울놀이를 경험해 본다.
2. 언어영역에서 겨울놀이를 소개하고 겨울놀이 책을 만들어 본다.

차례 차례

활동목표

- 놀이기구를 탈 때는 차례를 지켜야 안전함을 안다.

활동자료

영유아들의 놀이활동 사진

활동방법

1. 영유아들의 놀이 사진을 보고 이야기 나눈다.
   - 여기가 어디일까?
   - 무슨 놀이기구를 타고 있니?
   - 놀잇감을 가지고 미끄럼틀에 올라가면 어떻게 될까?
2. 위험상황을 이야기 나눈다.
   - 미끄럼틀에 거꾸로 올라가다 친구가 내려오면 어떻게 될까?
   - 미끄럼틀에서 서서 내려온다면 어떻게 될까?
   - 그네를 타는 친구 앞이나 뒤에 서 있으면 어떻게 될까?
   - 계단을 올라갈 때 손을 잡지 않으면 어떻게 될까?
3. 놀이기구를 이용할 때 지켜야 할 일들을 이야기 나눈다.
   - 안전하게 미끄럼틀을 타려면 어떻게 해야 할까?
   - 내가 타고 싶은 놀이기구를 친구가 타고 있으면 어떻게 해야 할까?
4. 차례를 기다렸다 타야 함을 이야기하고 약속을 한다.

확장활동

영유아들의 놀이 사진을 촬영해 이야기 나누어 지속적으로 규칙을 지키도록 한다.

놀잇감을 제자리에

활동목표

- 놀잇감의 바른 사용법을 안다.
- 놀잇감 사용 후 놀잇감을 제자리에 놓을 수 있다.

활동자료

사진자료(놀잇감을 흩어놓고 놀이하는 모습, 바르게 놀고 있는 모습)

정리노래 테이프

활동방법

1. 자유선택활동 시 무슨 놀이를 했는지 이야기 나눈다.
   - 무슨 놀이를 했니?
   - 어떤 놀잇감을 가지고 어떻게 놀이했니?
2. 놀잇감을 흩어놓고 놀이하는 모습의 사진자료를 보며 이야기 나눈다.
   - 여기 사진 속에 친구들이 어떻게 놀이하고 있니?
   - 이렇게 놀잇감을 모두 꺼내 놓고 놀이를 하면 어떻게 될까?
3. 바르게 놀고 있는 모습의 사진자료를 보며 이야기 나눈다.
   - 다치지 않게 놀이를 하려면 어떻게 해야 할까?
   - 놀잇감을 어떻게 해야 할까?
4. 새로운 놀잇감을 가지고 놀고 싶을 때는 어떻게 해야 하는지 이야기 나눈다.
   - 놀이를 하다 새로운 놀잇감을 가지고 놀고 싶으면 어떻게 할까?
5. 새로운 놀잇감을 가지고 놀고 싶을 때는 정리하고 가기로 약속을 한다.

확장활동

교사는 영유아들이 정리를 하고 새로운 놀잇감을 가지고 놀이하는지 관찰하며 정리를 하도록 돕는다.

놀잇감 사용의 규칙이 있어요

활동목표

- 놀잇감의 올바른 사용방법을 알아보고 안전하게 사용한다.

활동자료

파손된 플라스틱 장난감 종류, 바구니

활동방법

1. 자유선택활동 후 정리정돈시간에 부서져 있는 날카로운 놀잇감을 모아 놓는다.
2. 정리정돈을 하고 모여 앉아 파손된 놀잇감을 보여 주며 느낌을 이야기하도록 한다.
   - 놀잇감이 어떻게 되었니?
3. 놀잇감이 부서진 이유와 부서진 놀잇감을 가지고 놀이했을 때 발생하는 문제에 대해 알아본다.
   - 왜 놀잇감이 이렇게 되었을까?
   - 이렇게 부서진 놀잇감을 가지고 놀면 어떻게 될까?
   - 위험하기 때문에 자꾸 버리게 되면 놀잇감의 수가 점점 어떻게 될까?
   - 놀잇감이 적어지거나 없으면 놀이할 때 어떨까?
4. 놀잇감을 가지고 놀 때 주의할 점에 대해 이야기 나눈다.
   - 놀잇감을 어떻게 가지고 놀아야 할까?
5. 놀잇감 사용의 규칙판을 만들어 본다.
   - 놀잇감 사용의 규칙을 정해볼까?

확장활동

놀잇감 사용의 규칙을 정하고 규칙판을 게시하여 약속을 지키지 않는 영유아들에게 읽어 볼 수 있도록 한다.

자전거 타고 돌아오기

활동목표

- 자전거 안전수칙을 알게 된다.
- 무릎보호대와 헬멧 등 자전거 탈 때 알맞은 복장을 할 수 있게 된다.
- 자전거 타기에 안전한 장소와 안전하지 않은 장소를 판단할 수 있게 된다.

활동자료

세발자전거, 헬멧과 무릎보호대, 반환점, 횡단보도표지판, 정지신호표지판, 출발신호표지판

활동방법

1. 자전거 타고 돌아오기 게임방법에 대해 설명해 준다.
2. 두 팀으로 나눈다.
3. 게임을 하면서 주의해야 할 점에 대해 소개한다.
   - 횡단보도에서는 자전거에서 내려 걸어서 건너기
   - 오른쪽으로 갈 때는 오른쪽 팔을, 왼쪽으로 갈 때는 왼쪽 팔을 들어 표시하기
   - 정지신호판과 출발신호판을 보고 멈추었다 다시 출발하기
   - 과속하지 않기
   - 헬멧과 무릎보호대를 착용하고 게임을 한다.
4. 차례를 지켜 순서대로 자전거를 타고 돌아온다.

확장활동

자전거 운전면허 시험(양천 어린이 교통공원, 세이프키즈코리아 사이트 참고) 등을 실시하여 자전거를 탈 때는 속도를 조절하여 안전하게 탈 수 있도록 한다.

킥보드 안전하게 타기

활동목표

- 킥보드를 탈 때 지켜야 할 안전규칙을 알 수 있다.
- 헬멧과 무릎보호대의 필요성과 착용할 수 있게 된다.
- 킥보드를 안전하게 탈 수 있다.

활동자료

킥보드 2개 빨강-노랑 테이프, 탬버린, 헬멧, 무릎보호대, 손목보호대

활동방법

1. 킥보드 타기 게임에 대해 설명해 준다.
2. 킥보드 타기 게임을 하면서 주의해야 할 점에 대해서 설명한다.
   - 선 밖으로 나가지 않기
   - 보호장비 제대로 착용하기
   - 안전하게 반환점 돌아오기
   - 도착해서 탬버린 소리가 울리면 보호장비를 벗어서 다음 친구에게 전달하기
   - 마지막 친구가 들어올 때까지 열심히 응원하기
3. 두 팀으로 나누어 게임을 진행한다.
4. 게임에 대해 평가한다.

확장활동

실외놀이터에 킥보드 장비를 준비해 주어 안전하게 탈 수 있도록 지도한다.

Chapter 09

교통안전

1. 교통안전교육의 필요성
2. 교통안전교육의 목표 및 내용
3. 교통안전교육활동의 실제

학습 목표

1. 교통안전사고의 유형을 교육할 수 있다.
2. 교통안전에 대한 교육을 할 수 있다.

급속한 발달을 거듭해 온 자동차, 기차 등 교통기관의 발달은 편리함을 주고 있는 반면, 교통사고와 교통 혼잡 등 여러 가지 문제를 일으키고 있다. 교통사고는 넓은 의미로 차량, 궤도차, 열차, 항공기, 선박 등 교통수단이 그 본래의 사용목적에 따라 운행 중 다른 교통수단, 사람 또는 사물과 충격하여 사람을 사상하거나 물건을 손괴하여 재산상의 손실을 발생하는 경우 또는 교통상의 위험을 포함하는 것을 교통사고라고 한다.

이 장에서는 교통안전교육의 필요성과 교육목표 및 내용, 교육활동의 실제에 관하여 살펴보고자 한다.

1 교통안전교육의 필요성

교통안전교육은 교통사고의 방지를 위해 관련 지식, 기술, 태도를 형성하는 것으로, 영유아들에게 자동차는 편리함을 가져다주는 도구인 동시에 언제든 다치게 할 수 있는 위험이 있다는 것과 자동차로부터 자신을 적극적으로 안전하게 보호하는 능력과 태도를 길러주어야 한다. 또한 유아기에 올바른 교통행동을 익히는 것은 장래에 자신과 남의 생명을 존중하고 사회질서를 준수하는 바람직한 교통사회인이 될 수 있는 기본적인 소양을 기르는 것이다. 따라서 유아가 교통상황에서 스스로 안전하게 행동할 수 있도록 하는 데 목적을 두고 있다.

영유아들에게 교통안전 규칙을 알게 하고, 교통사고에 대한 지식을 함양함으로써 자신을 적극적으로 보호하는 능력과 태도를 기를 수 있도록 지속적이고 반복적인 교통안전교육을 실시하는 것이 필요하다.

교통 안전체험을 할 수 시설들을 활용하여 영유아가 직면할 수 있는 상황을 직접 대처하여 실제적으로 해결해 나가게 하고, 유사한 장소에서 유아가 배운 것을 직접 연습해 보도록 하는 것이 바람직하다.

2 교통안전교육의 목표 및 내용

1) 교육목표

영유아 교통안전교육의 목표는 일정하지 않은 교통상황에서 영유아가 스스로 안전하게 행동할 수 있도록 하는 데 두어야 한다. 교통안전과 관련하여 영유아기에 올바른 행동을 익히는 것은 장래 자신과 남의 생명을 존중하고 사회적 질서를 준수하는 바람직한 시민이 될 수 있는 기본적인 소양을 익히는 것과 같다. 따라서 교통안전교육은 영유아가 보행자로서 가져야 할 지식, 기술, 태도에 중점을 두어야 한다.

첫째, 교통수단의 안전한 이용방법을 알고 사용한다.

둘째, 영유아가 여러 가지 위험한 교통상황에 대해 인식한다.

셋째, 보행자를 위한 교통안전시설의 종류와 역할, 규제에 대해 안다.

넷째, 신호등이 있는 도로와 없는 도로에서 안전하게 횡단하는 방법을 익혀 습관화한다.

2) 교육 내용

영유아 교통안전교육 내용은 안전한 보행, 안전한 도로횡단, 교통수단의 안전한 이용, 교통신호와 교통안전표지의 이해, 교통사고가 났을 때의 대피방법 등에 관한 내용을 포함하여 실시해야 한다. 이들에 대해 구체적으로 살펴보면 다음과 같다.

(1) 승하차 안전

자동차는 유아교육기관 등 · 하원, 견학 및 소풍 등 가장 많이, 편리하게 이용하는 교통수단이다. 버스, 지하철과 기차를 이용할 때 알고 지켜야 할 사항들은 다음과 같다.

① 버스를 탈 때의 안전 규칙

표 9-1 안전하게 타고 내려요

- 버스를 탈 때는 줄을 서서 질서를 지키고 차례로 탑니다.
- 버스가 완전히 멈출 때까지 차도에 내려서지 않습니다.
- 차를 탄 후 좌석 안전띠를 꼭 맵니다.
- 차 안에서는 장난을 하지 않습니다.
- 버스에서 내릴 때는 차가 완전히 멈춘 후 내립니다.
- 좌우를 살피고 달리는 오토바이 등을 주의합니다.
- 버스에서 내려 버스 앞이나 뒤로 길을 건너지 않습니다.
- 버스가 출발한 후 주변을 살피며 건넙니다.

자료 : 양천구 어린이 교통공원 교육프로그램(http://www.ycs.or.kr)

② 승용차를 탈 때의 안전 규칙

- 의자에 등을 바싹대고 바르게 앉은 후 안전띠를 맨다.
- 유아는 조수석에 앉지 않고 뒷좌석에 앉는다.
- 차 안에서 장난하거나 팔이나 얼굴을 밖으로 내밀지 않는다.
- 내릴 때에는 오토바이나 자전거가 옆으로 지날 수 있으므로 확인 후 문을 열고 내린다.

③ 지하철 및 기차를 탈 때의 안전 규칙

- 안전선 안에서 기다린다.
- 열차가 멈추면 양 옆으로 비켜서서 내릴 사람이 모두 내린 다음 차례로 타도록 한다.
- 객차와 객차 사이에 서거나 돌아다니지 않는다.
- 지하철(기차)과 승강장 사이에 발이 빠지지 않도록 잘 살핀 후 안전하게 타고 내린다.
- 문이 닫히려고 할 때에는 다음 열차를 기다린다.
- 반드시 성인과 함께 승차하도록 한다.

(2) 보행자 안전

어린이 교통사고의 80% 이상이 보행 중에 발생하며 보행 중 사고의 원인은 주로 횡단보도가 아닌 곳으로의 횡단, 횡단보도 횡단, 노상에서의 놀이, 차도보행이다. 특히, 도로에 뛰어 들기, 신호 무시, 대각선 횡단, 차의 앞뒤 횡단 등이 교통사고를 유발하므로 보행 중 안전을 위해 영유아들이 알고 지켜야 할 사항은 다음과 같다.

- 보도는 사람을 위한 것이며 차도는 차를 위한 것이다.
- 좁은 골목길에서 넓은 길로 나갈 때에는 반드시 멈춰 서서 차가 오는지 확인한다.
- 보도를 걸을 때 차도에서 떨어져서 건물 쪽으로 걷는다.
- 세워둔 차 근처에서는 놀지 않는다.
- 신호등이 있는 횡단보도를 건너갈 때 다음 사항에 유의한다(표 9-2).

표 9-2 도로의 횡단 5원칙

첫째, 횡단보도에서는 우선 멈춰요. • 길을 건널 때는 항상 운선 멈추어야 합니다. "우선 멈춘다!"
둘째, 왼쪽, 오른쪽 다시 왼쪽을 보고 차가 오는지 살펴봐요. • "왼쪽, 오른쪽 차를 본다."
셋째, 횡단보도의 오른쪽에서 운전자를 보며 왼손을 들어요. • 손을 들고 횡단보도를 건너는 것은 "제가 먼저 갈테니 멈추어 주세요"하는 말이므로 처음에는 왼손을, 반 정도 지난 다음에는 오른손을 들어요.
넷째, 차가 완전히 멈추었는지 꼭 확인해요. • 녹색불이 들어와도, 손을 들어도 그냥 지나가는 차가 있으므로 꼭 차가 멈추었는지 확인하세요.
다섯째, 운전자와 눈을 맞추고 차를 계속 보면서 건너요.

(3) 교통신호 및 안전표시

① 교통신호

교통 신호의 표지는 자동차 신호와 보행자 신호로 분류되어 있으며, 자동차 운전자나 보행자 모두 사회에서 공통된 약속인 교통신호를 잘 지킨다면 교통사고로 인한 인명피해를 줄일 수 있다.

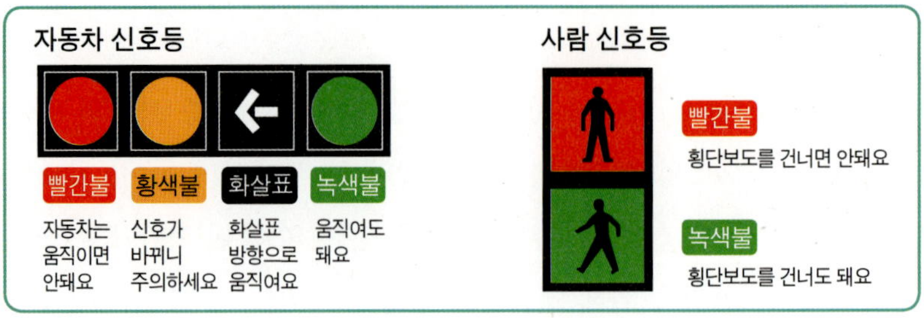

그림 9-1 교통신호표지

② 교통안전표지

교통안전표지는 기본적으로 도로 이용자에게 필요한 정보를 사전에 정확하게 전달하고, 통일되고 균일한 행동이 이루어지도록 통제함으로써 교통의 소통을 증진시키는 역할을 맡고 있다. 또한 도로상의 안전을 보장하기 위해 도로 이용자에게 도로교통에 관하여 주의 · 규제 · 지시 · 보조에 관한 내용을 전달하고 있으며, 교통안전표지판은 단독으로 설치될 수도 있고, 신호기나 노면표시 등과 함께 설치될 수도 있다. 그러므로 교통안전표지는 그 의미에 따라 지시표지, 규제표시, 주의표지로 나뉘어져 있다. 구체적인 교통안전표지와 그 의미를 살펴보면 다음과 같다.

교통안전표지는 주의표지, 규제표지, 지시표지, 보조표지로 구분할 수 있다.

그림 9-2 교통안전표지

그림 9-3 주의표지

주의표지는 도로 상태가 위험하거나 도로 인근에 도로 이용자의 안전을 위협하는 위험물이 있을 경우 미리 안전조치를 취할 수 있도록 알리는 표지이다. 주의표지는 크게 도로 상태 예고, 노면 또는 연도상황 예고, 기상상황 예고, 기타 주의 예고로 구분되며, 빨간색 테두리와 세모 모양의 표지판으로 이루어져 있다.

그림 9-4 규제표지

규제표지는 도로교통상 안전을 위한 각종 제한, 금지 등의 규제를 하는 경우, 도로 이용자에게 알리는 표지를 의미한다. 규제표지는 모두 빨간색 테두리를 가지며, 대부분 빨간색 빗금이 그어져 있다. 규제표지는 크게 통행금지, 동행 제한, 금지사항으로 구분된다.

그림 9-5 지시표지

지시표지란 도로교통의 안전과 소통을 위해 요구되는 사항을 지시하는 것으로서 주로 파란색 표지판으로 이루어져 있다. 지시표지는 크게 도로 지정, 통행방법 제시, 기타 지시로 구분된다.

3 교통안전교육활동의 실제

궁금한 교통수단과 관련된 분 초대하기

활동목표

- 다른 사람의 이야기를 주의 깊게 듣고 질문한다.
- 교통수단과 관련된 일에 대하여 관심을 가진다.

활동자료

영유아들이 궁금해 하는 교통수단에 대해 질문한 자료

활동방법

1. 교통수단과 관련된 일을 하는 다양한 전문가(버스, 택시, 비행기, 선박, 기차, 지하철 또는 자동차 운전사, 정비사 등)를 섭외할 수 있으며 자동차 운전자의 경우 유아보육기관 차량 운전사, 운전을 하는 교직원 등을 섭외하여 영유아들의 질문을 사전에 전달하고 이에 대해 준비할 수 있도록 한다.
2. 교사는 영유아들이 질문한 내용을 중심으로 초대된 어른이 이야기를 하거나 준비한 자료를 보여 주는 것을 옆에서 돕도록 한다.
3. 이야기를 모두 들은 후에 영유아들이 궁금한 질문을 하도록 한다.
   - 이야기를 듣고 더 궁금한 것은 무엇인가요?

확장활동

교통수단과 관련된 분이 일하는 장소(지하철 역, 정비소, 주유소, 대리점 등)로 견학을 가보거나 운전자들의 교통수단(어린이집 버스, 교직원의 차량, 관련 박물관)을 자세하게 관찰할 수 있는 활동으로 확장할 수 있다.

우리가 만든 버스 놀이

활동목표

- 버스를 탈 때 지켜야 할 규칙을 안다.
- 친구들과 협동하여 놀이한다.

활동자료

블록으로 구성한 유아보육기관 버스나 일반버스, 운전기사용 모자와 장갑, 자동차 핸들

활동방법

1. 유치원(어린이집) 버스를 탔던 경험에 대해 생각한다.
   - 유치원(어린이집)에 올 때나 집에 갈 때 유치원(어린이집) 버스를 타면서 불편한 점이 있었나요?
   - 유치원(어린이집) 차를 이용할 때 주의할 점은 무엇일까요?
2. 역할에 따라 놀이에서 무엇을 할 것인지에 대해 이야기를 나눈다.
   - 운전기사 아저씨는 안전을 위해서 어떤 일을 하시나요?
   - 버스가 출발하기 전에 차에 탄 사람들은 어떻게 해야 하나요?
3. 승하차 놀이를 위한 역할을 정하고 소품과 의상을 준비한다.
   - 승하차 놀이를 하려면 어떤 역할을 하는 사람이 있어야 할까요?
   - 버스기사를 한다면 무엇이 필요할까요?
4. 쌓기 놀이영역에서 만든 유치원(어린이집) 버스로 승하차 놀이를 한다.
   - 쌓기 놀이영역에서 만들었던 유치원(어린이집) 버스에는 몇 명이 탈 수 있나요?

확장활동

유치원(어린이집) 버스 놀이로 진행될 경우 (   )반 놀이로 확장하여 함께 진행할 수 있다.

교통안전 지킴이가 되어 보아요

활동목표

- 교통안전 규칙을 알고 지킨다.
- 교통 경찰관의 역할을 안다.

활동자료

교통 표지판, 신호등, 색 테이프, 장갑, 안전 신호봉, 안전조끼, 교통 경찰관 뱃지, 모자, 무전기 등 교통 경찰관이 가지고 있는 물품, 교통안전 지킴이 카드를 만드는 종이, 필기도구, 스탬프

활동방법

1. 교통안전에 대한 이야기를 나눈다.
   - 우리가 지켜야 할 교통안전 규칙들에는 무엇이 있는지 얘기해 볼까요?
2. 영유아들 각자 자신의 교통안전 지킴이 카드를 만든다.
   - 교통안전규칙을 지키면 스탬프를 받을 수 있는 카드를 만들어 보아요.
3. 미술영역에서 만든 교통 표지판과 색 테이프를 사용하여 길과 횡단보도를 꾸민다.
   - 여기에 어떤 길을 꾸며 볼까요?
   - 너희가 만든 교통 표지판을 어디에 놓으면 좋을까요?
4. 교통 경찰관의 역할에 대해 생각한다.
   - 교통 경찰관은 어떻게 사람들을 도와줄까요?
5. 교통 경찰관과 보행자 역할을 할 사람을 정하고 소품을 준비한다.
   - 누가 먼저 교통 경찰관이 되어 볼까요?
   - 교통 경찰관에게 필요한 물건은 무엇이지요?
6. 보행자가 지켜야 할 규칙에 대해서 이야기 나누고, 규칙을 지켜서 보행을 하고 횡단보도를 건너는 역할놀이를 한다.
7. 교통안전 규칙을 지키지 못하는 경우에는 교통 경찰관이 도움을 주어 다시 보행해보도록 한다.
8. 교통 규칙을 잘 지켜 역할놀이를 하면 교통안전 지킴이 카드에 스탬프를 찍어준다.

교통 표지판 만들기

활동목표

- 다양한 재료를 이용하여 교통 표지판을 만든다.
- 새로운 교통 표지판을 상상하여 만든다.

활동자료

사인펜, 크레파스, 손거울 모양의 두꺼운 도화지(15×20cm), 교통 표지판의 의미를 전달하는 데 도움이 되는 폐품, 잡지, 풀, 가위, 연필, 지우개, 페트병, 종이봉투 등

활동방법

1. 교통 경찰관 놀이와 자전거 면허시험 놀이에 사용할 교통 표지판을 만들 것임을 이야기한다.
   - 교통 경찰관 놀이와 자전거 면허시험 놀이에 교통 표지판이 왜 필요할까요?
2. 표지판을 어떻게 만들지 이야기 나눈다.
   - 놀이에서 친구들이 표지판을 잘 볼 수 있도록 하려면 어떻게 만들어야 할까요?
   - 표지판을 세우려면 어떤 자료를 사용해야 될까요?
3. 다양한 재료로 교통 표지판을 만든다.
4. 교통 표지판을 상상하여 만들어 본다.

활동 시 유의점

1. '교통 표지판 디자인하기' 활동에서 디자인한 표지판을 만드는 연계 활동이다.
2. 다양한 폐품을 준비한다.
3. 교통 경찰관 놀이와 자전거 면허시험 놀이에서 페트병을 이용해 표지로 사용할 경우 페트병에 물을 넣어 표지판이 넘어지지 않도록 한다.

안전하게 타고 내려요

활동목표

- 안전한 승하차방법을 안다.
- 승하차 안전을 위한 교통규칙을 지킨다.

활동자료

승하차 안전에 대한 동영상 '삼성화재 교통박물관 만화로 배워요'(삼성화재 교통박물관〉어린이 교통나라〉교통안전 자료실〉만화로 배워요〉차에 탈 때, 버스에서 내릴 때)

활동방법

1. 안전하게 승하차하는 방법에 대해 이야기 나눈다.
   - 차에 타고 내릴 때 불편했던 경험이 있나요?
   - 차에 탈 때(내릴 때)는 어떻게 타야 할까요?
2. 동영상을 본 후 안전하게 승하차하는 방법에 대해 이야기 나눈다.
   - 자동차를 탔을 때 가장 먼저 무엇을 해야 할까요?
   - 차에서 내릴 때 무엇을 조심해야 할까요?
3. 홈페이지에서 '퀴즈로 풀어요' 메뉴 중 '차에 탈 때'와 '버스에서 내릴 때'를 한다.

활동 시 유의점

1. 이번 주에는 두 번의 이야기 나누기를 통해 보행 안전과 승하차 안전에 대해 다룬다.
2. 며칠 전에 한 보행 안전에 대한 내용을 상기시켜 승하차 안전과 함께 다룬다.

어떤 신호등에서 건널까요?

활동목표

- 신호등 색을 구별할 수 있다.
- 보행신호와 차량신호를 구별할 수 있다.
- 안전하게 횡단보도를 건널 수 있다.

활동자료

셀로판지를 이용하여 만든 신호등, 손전등, 모형 자동차 3~4대

활동방법

1. 길을 건너본 경험을 이야기 나눈다.
   - 길을 건너 본 적 있니? 기분이 어땠었니?
   - 어떻게 하면 안전하게 건널 수 있을까?
2. 신호등의 의미와 건너는 방법에 대해 이야기 나눈다.
   - 신호등이 무엇인지 아니?
   - 신호등에는 어떤 색들이 있을까?(빨간불, 초록불)
   - 신호등의 빨간불이 켜졌을 때 사람들은 어떻게 해야 하나?
   - 신호등의 초록불이 켜졌을 때는 어떻게 해야 하나?
   - 초록불이 깜박거릴 때는 어떻게 해야 하나?
3. 두 유아가 짝이 되어 신호등에 따라 움직여본다.
4. 동시 '빨간불! 초록불!'을 감상한다.

〈빨간불! 초록불!〉

홍지현

신호등은 눈이 두 개 나도 눈이 두 개
초록눈을 떴어요 건너갈 수 있어요
빨간눈을 떴어요 건너가면 안돼요
내 두 눈은 항상 신호등을 보지요

확장활동

1. 실외에 나가 신호등 놀이를 해본다.
2. 어린이 교통공원에 가서 직접 교통 신호등의 색깔을 보고 안전하게 횡단보도를 건너보도록 한다.

안전벨트 생명벨트

활동목표

- 안전벨트의 중요성을 인식한다.
- 안전벨트 착용법을 안다.
- 차가 출발하기 전에 항상 안전띠를 맬 수 있다.

활동자료

그림자료, 안전벨트

활동방법

1. 안전벨트에 대해 이야기 나눈다.
2. 그림자료를 융판에 붙이며 이야기를 들려준다.
   - 서준이 삼촌은 자동차를 운전하며 집으로 돌아오는 길이었어요.
     (차를 앞으로 움직인다)
   - 그런데 위험한 일이 생겼어요. 어린아이가 갑자기 공을 주우러 길로 튀어 나왔던 거예요.
     (어린이를 차 앞으로 뺀다)
   - 그래서 삼촌은 서준이가 다치지 않게 하려고 차를 급히 세웠어요.
   - 어떤 일이 생겼을까요?
   - 차를 너무 급하게 세우느라 삼촌이 차 유리를 뚫고 앞으로 나갈 뻔 했어요.
     (삼촌을 차 밖으로 뺀다)
   - 그런데 다행이도 삼촌은 안전띠를 하고 계셨어요.
   - 삼촌은 어떻게 되셨을까요?
   - 다행히 안전띠가 삼촌을 꽉 잡아주어 사고는 나지 않았답니다.
3. 실제 차량을 이용하여 안전띠를 매보는 경험을 갖도록 한다.
4. 자동차, 삼촌, 유아, 안전벨트 역할을 맡은 유아를 선정하고 극놀이를 해본다.

확장활동

삼촌의 목숨을 구해준 안전벨트에게 편지 쓰기

사람과 차의 약속, 교통표지판

활동목표

- 교통상황을 알려주는 교통표지판의 의미를 알 수 있다.
- 주변에 설치된 교통표지판에 관심을 갖는다.
- 위험요소로부터 안전하게 자신을 보호할 수 있다.

활동자료

교통표지판, 도화지, 크레파스, 색종이, 스티로폼, 풀, 가위 등

활동방법

1. 여러 가지 모양의 '교통 표지판'이 나타내는 약속에 대하여 알아본다.
   - 표지판 그림 속에 어떤 약속이 있을까?
   - 집이나 유아교육기관 주변에서 어떤 교통표지판을 본 적이 있니?
   - 더 있었으면 하는 교통표지판에는 어떤 것이 있을까?
2. 교통 표지판을 만들어 본다.
   - 여러 가지 교통표지판 중 마음에 드는 교통표지판을 만들어보자.
   - 교통 표지판을 만들 때, 삼각형 모양과 빨간색의 특징을 생각하여 만든다.
3. 2~3명이 그룹으로 창의적인 교통표지판을 만들어 본다.

표지의 의미	
위험 	도로교통상 각종 위험이 있음을 알리는 것이므로 주의해야 합니다.
주차장 	주차장이 있는 곳입니다. 이곳에서 어린이가 놀지 않도록 합시다.
보행자 전용도로 	보행자만 다닐 수 있는 곳이므로 차는 다녀서는 안 됩니다.

	표지의 의미
횡단보도 	횡단보도가 있음을 알리는 것입니다. 보행자는 이 횡단보도를 이용해 도로를 건너가야 합니다.
자전거 전용도로 	자전거만 다닐 수 있습니다.
아동보호 	학교나 유치원 등의 길은 어린이가 자주 건너 다니는 곳이므로 어린이 보호가 특별히 필요한 곳입니다. 차는 어린이들이 다니는 데에 주의해야 합니다.
자전거 횡단도로 	자전거는 이곳을 이용해 건너가야 합니다.
도로공사 중 	길 가운데나 길가에서 공사나 작업을 하고 있으므로 주의해야 합니다.

확장활동

유아가 만든 교통 표지판을 교실이나 실외 자전거 전용도로에 세워 놓아 자연스럽게 익히도록 지도한다.

교통기관 체험하기

활동목표

- 교통기관을 안전하게 이용하는 방법을 알게 된다.
- 안전한 승하차에 대해 알고 이용할 수 있게 된다.

활동자료

이름표, 카메라 등

활동방법

1. 교통박물관이나 체험관을 방문하여 이용방법에 대해 설명을 듣는다.
2. 유아들이 직접 교통기관을 체험해 본다.
   - 안전선 밖에서 기다린다.
   - 차례대로 줄을 서서 기다린다.
   - 뛰어다니거나 장난을 치지 않는다.
   - 지하철이 완전히 멈춘 다음 탄다.
   - 앞사람을 밀치거나 장난치지 않는다.
3. 교통기관 체험 시 장난치거나 떠들지 않고 조용히 간다.

확장활동

교실 바닥에 기찻길을 그려놓고 지하철 타보는 극놀이를 해본다.

교통기관 형태 보고 만들기

활동목표

- 자동차를 만들기 위해 필요한 내용에 대해 말할 수 있다.
- 다양한 교통기관의 특성에 대해 알아보고 안전수칙을 지킬 수 있다.

활동자료

자동차 모형, 찰흙, 찰흙칼 등

활동방법

1. 교통기관 모형을 만들기 위해 필요한 내용에 대해 이야기를 나눈다.
   - 다양한 교통기관의 형태에 대해 인지한다.
   - 교통기관의 형태에 따라 필요한 안전수칙이 무엇인지 생각해본다.
2. 교통기관을 보고 찰흙을 가지고 만들어본다.
   - 찰흙의 특징을 알아본다.
   - 찰흙으로 교통기관을 보고 만들어본다.
3. 자신이 만든 교통기관의 안전에 필요한 것은 무엇인지 이야기를 해본다.
   - 각자 자신이 만든 교통기관을 사용할때에는 어떤 안전 규칙을 지켜야 하는지 이야기해보자.

확장활동

우리가 자주 사용하는 교통기관에 대한 안전에 대해 안전 수칙을 만들어본다.

Chapter 10

화재안전

1. 화재안전교육의 필요성
2. 화재안전교육의 목표 및 내용
3. 화재 및 화상안전교육활동의 실제

학습 목표

1. 화재안전사고의 유형을 교육할 수 있다.
2. 화재안전에 대한 교육을 할 수 있다.

불은 우리 생활에 꼭 필요한 것이지만 잘못 다루었을 때는 우리의 귀중한 생명과 재산을 빼앗아 갈 수 있는 무서운 것이기도 하다. 그러므로 항상 화재에 대한 주의와 관심을 갖고 불조심하는 습관을 생활화하는 교육이 이루어져야 한다.

이 장에서는 화재 및 화상안전교육의 필요성과 교육목표 및 내용, 활동의 실제에 관하여 살펴보고자 한다.

1 화재안전교육의 필요성

화재사고는 신체적 손상을 남겨 이로 인해 심리적으로도 큰 영향을 주게 되는 위험한 사고 중 하나이다. 대부분의 화재는 화기 취급 시 부주의와 안전에 대한 인식의 부족으로 발생하는 것이므로 소방시설의 설치 및 점검뿐 아니라 사고를 예방하는 생활습관과 사고 시 대피하는 방법을 영유아기부터 교육하여야 한다.

영유아의 화재안전사고를 예방하고 최소화하기 위해서는 교사와 부모의 감독이 중요하며 화재안전교육이 지속적으로 이루어져 영유아가 화재안전에 대한 지식과 태도, 기술을 익힘으로써 자신에 대한 보호와 타인의 생명을 존중하게 되는 교육이라 할 수 있다.

특히, 영유아의 불장난에 대한 호기심을 줄이고 안전에 대한 태도를 갖게 함으로써 주변에서 발생할 수 있는 화재위험을 예방하고 대처하는 소방훈련을 실시하여 화재 발생 시 평소의 훈련대로 대피할 수 있도록 하여야 한다.

2 화재안전교육의 목표 및 내용

1) 교육목표

영유아는 어른과 달리 경미한 사고에도 매우 치명적인 피해를 입을 수 있으므로 사고 예방을 위해 힘써 노력을 기울여야 하고 사고 발생 시의 대처능력을 길러 피해를 최소화할 수 있어야 한다. 이를 위해서는 상황 중심의 교육이 효과적이므로 소방서나 안전체험관을 통해 교육이 이루어질 수 있다. 화재로 인한 피해를 예방하고, 최대한 줄이며 건강하고 안전한 생활을 위한 안전교육의 목표는 다음과 같다.

① 영유아가 생활하는 기관과 가정의 환경과 설비,시설 등을 점검하여 화재발생의 위험요인을 없앤다.
② 영유아에게 화재에 대한 안전수칙을 알려주고, 실제 화재상황에 대비하여 체험을 시켜준다.
③ 유아들에게 대처능력을 반복훈련을 통해 정기적인 대피훈련과 일상생활을 통해 지도한다.

2) 교육 내용

(1) 화재 및 화상의 종류 및 사고 예방법

① 화재의 원인

화재의 원인은 전기화재, 담뱃불 등 부주의 화재, 방화 등 다양하다. 각 화재 종류별 구체적인 원인 및 사고 예방법은 다음 〈표 10-1〉과 같다.

표 10-1 화재 원인 및 사고 예방법

종류	원인	화재사고 예방법
 전기화재	• 전선의 합선에 의한 발화 • 누전에 의한 발화 • 과전류(과부하)에 의한 발화 • 규격미달의 전선 또는 전기기계기구 등의 과열 • 배선 및 전기기계기구 등의 절연 불량 상태 • 정전기로부터의 불꽃	• 전기기구를 사용하지 않을 때에는 스위치를 끄고 플러그를 뽑아 둔다. • 한 개의 콘센트에서 여러 선을 끌어 쓰거나 문어발식 사용을 하지 않는다. • 전선이 꼬이거나 묶어 사용하면 열이 발생하여 위험하므로 전선이 꼬이지 않게 한다. • 콘센트에 플러그를 깊숙히 꽂지 않으면 열이 발생하므로 완전히 꽂아 사용한다.
 가스화재	• 실내에 용기보관 가스 누설 • 점화 미확인으로 누설 폭발 • 환기불량에 의한 질식사 • 가스 사용 중 장기간 자리이탈 • 성냥불로 누설 확인 중 폭발 • 인화성물질 동시 사용	• 비눗물을 사용하여 가스가 새지 않는지 점검을 해야 한다. • 가스가 새는 경우 먼저 환기를 시킨 다음 새로운 호스로 갈아야 한다. • 가스레인지를 사용한 다음에는 항상 중간 밸브를 잠가두는 습관을 들여야 한다. • 자동 점화식에서 점화를 몇 번 반복하면 가스가 체류한다. 일단 코크를 닫고 환기를 한다. • 일정 기간에 반드시 안전점검을 하고 호스나 밸브 등을 미리 교환해야 한다.
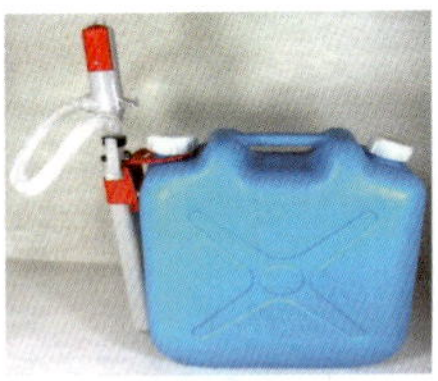 유류화재	• 석유난로에 불을 끄지 않고 기름을 넣을 때 • 주유 중 새어나온 유류의 유증기가 공기와 적당히 혼합된 상태에서 불씨가 닿을 경우 • 유류기구를 사용 도중 이동할 때 • 불을 켜놓고 장시간 자리를 비울 때 • 난로 가까이에 불에 타기 쉬운 물건을 놓았을 때 • 튀김요리 중 튀김기름이 가열되어 넘치는 경우	• 유류는 이외 다른 물질과 함께 저장하지 않도록 하고, 저장소는 환기가 잘 되게 한다. • 급유 중 흘린 기름은 반드시 닦고 난로 주변에는 소화기나 모래 등을 준비해 둔다. • 석유난로, 버너 등은 사용 도중 넘어지지 않도록 고정시켜 둔다. • 석유난로 주변은 늘 깨끗이 하고 불이 붙은 상태로 이동하거나 주유해서는 안 된다. • 기타 위험물취급 장소에서 절대 담배를 피우지 않고 불조심에 대한 교육을 한다.

종류	원인	화재사고 예방법
 불장난	• 성냥, 라이터, 난롯불, 아궁이불, 전기다리미 • 촛불놀이, 폭죽놀이, 화약놀이	• 성냥, 라이터 등은 영유아 손에 닿지 않는 곳에 보관한다. • 성냥, 라이터, 폭죽놀이, 깡통놀이 등을 하지 않도록 단속한다. • 석유난로 등을 켜거나 끄도록 심부름을 시키지 않는다. • 외출 시 모든 화기의 안전점검을 하고 불조심에 대한 주의를 시킨다. • 119허위신고(장난전화)를 하지 못하도록 교육시킨다.
 담뱃불화재	• 술에 취한 채 잠자리에서 흡연 • 어른들의 무심코 버린 담배꽁초가 발화 • 담배 불씨를 완전히 끄지 않은 채 휴지통에 버려서 발화 • 재털이의 담배 불씨를 완전히 끄지 않은 채 재떨이를 쓰레기통에 비우고 퇴근하여 발화	• 인화성이 강한 물질이 있는 장소나 실내에서는 금연을 한다. • 잠자리에서는 담배를 피우지 않도록 한다. • 담배를 피울 수 있는 장소는 편리하고 안전한 곳을 택하여 '흡연구역'으로 지정한다. • 담배를 피우다가 용무로 잠깐 자리를 비울 경우 반드시 담뱃불을 끄고 나가야 한다. • 불씨가 튀지 않도록 재떨이에 약간의 물을 부어 놓는다.

② 화재의 종류

화재가 일어나는 연료가 무엇이냐에 따라 불의 종류가 달라지고, 불을 끄는 방법이 달라진다.

- **종이, 나무, 옷 재를 남기는 유형** : 불을 끄고자 할 때는 온도를 낮추는 것이 좋으므로 대개 물을 사용한다.
- **석유, 휘발유 등 친화성이 높은 액체 연료로 인한 발생** : 불을 끄고자 할 때는 담요 등을 덮어서 산소를 차단시킨다.
- **전선이나 전기제품의 과열로 인한 발생** : 전원을 차단하고 반드시 소화기를 이용한다.

③ 화상의 종류 및 원인

화상이란 뜨거운 열, 액체, 증기, 화학물질, 햇볕, 전기 등에 피부가 노출되어 손상을 입는 것을 말하는 것이다. 구체적인 원인이나 손상의 정도에 따라 다음과 같이 분류된다.

〈원인에 따른 화상의 분류〉

- 열에 의한 화상 : 뜨거운 물, 열, 증기, 햇볕 등에 의한 화상
- 화학약품에 의한 화상 : 부식성 화학물질에 의한 화상
- 전기에 의한 화상 : 과전류에 의한 화상

〈정도에 따른 화상의 분류〉

- 1도 화상 : 피부가 빨갛게 붓고 화끈거린다.
- 2도 화상 : 피부가 빨갛게 붓고 물집이 생긴다.
- 3도 화상 : 피하조직과 신경까지 손상되어 피부가 말라 쪼그라든다.

표 10-2 화상 예방법

- 뜨거운 그릇이나 음식은 영유아의 손에 닿지 않는 곳에 둔다.
- 난로나 다리미 등 열을 발생하는 가전제품 가까이는 가지 않으며, 교육기관에서 활동시간에 다리미나 글루건을 사용할 경우 교사가 꼭 감독을 해야 한다.
- 성냥, 라이터, 촛불에 가까이 가지 않으며 특히 촛농을 가지고 장난하지 않는다.
- 여름철에는 스테인리스로 만들어진 미끄럼틀을 타다가 화상을 입을 수 있으므로 주의한다.
- 벗겨진 전선은 손으로 만지지 않는다.
- 전원에 열쇠나 핀 등 쇠붙이를 꽂거나 전원을 만지지 않는다. 쓰지 않는 전원은 뚜껑을 덮어둔다.
- 젖은 손으로 가전제품, 전기용품, 전깃줄 등을 만지지 않는다.
- 전기용품을 사용하다가 물에 떨어뜨렸을 때에는 플러그를 먼저 뽑고 나서 나무집게 등의 절연체를 이용하여 건져낸다.

(2) 화재신고의 원칙

① 불이 나면 119에 전화로 신고한다.

② 119에 전화해서 불이 났다고 말하고 불이 난 곳의 위치를 알려준다.

③ 어디서 불이 시작되었는지, 현재 건물의 상태가 어떤지도 이야기해 주는 것이 좋다.

④ 소방서에서 불이 난 곳의 소재를 정확하게 파악하고 알았다고 할 때까지 전화를 끊지 않는다.

(3) 소화기 사용방법

소화기는 평소 불조심을 일깨워 주고 불이 났을 때 초기화재에 결정적인 역할을 하기 때문에 소방차 못지않게 중요하다. 따라서 언제 소화기를 사용하고 사용하지 않아야 하는가를 아는 것은 화재 대비에 중요한 일이다.

소화기를 사용할 때는 화점으로부터 2m 뒤로 물러서서 사용하며 원칙은 다음과 같다.

① 전기, 가스, 석유 등에 의해 불이 났을 때는 소화기를 사용한다.

② 소화기는 잘 보이는 곳, 꺼내기 쉬운 곳, 그늘진 곳, 습기가 없는 곳에 보관한다.

③ 소화기는 항상 있던 자리에 두며, 소화기로 장난하지 않도록 한다.

④ 소화기를 선택할 때에는 어떤 종류의 불을 끌 수 있는 다목적용을 고른다.

⑤ 소화기 사용법을 반드시 알고 있어야 한다.

소화기 사용법은 다음 〈그림 10-1〉과 같다.

① 소화기를 똑바로 세워진 상태로 유지하고 손잡이를 잡고 불 쪽으로 접근한다. 분말 소화기는 쓰기 전에 흔든다.

② 안전핀을 뽑는다.

③ 바람을 등지고 불이 난 곳으로 호스를 겨냥한 다음 손잡이를 힘껏 움켜쥔다.

④ 약제가 나오면 호스를 천천히 움직이면서 비로 쓸듯이 소화한다.

그림 10-1 소화기 사용법

자료 : 세이프코리아 http://www.safekids.or.kr

(4) 화재 대피훈련

유아교육기관에서 화재가 발생할 경우 무엇보다도 영유아의 행동이 민첩하지 못하여 많은 인명피해 · 재산피해를 입을 수 있으므로 유사시 신속하고 안전하게 대피하는 데 익숙하도록 적어도 월 1회 이상 정기적인 화재 대피훈련을 실시하는 것이 바람직하다. 즉, 화재 발생 시의 적절한 대처방법에 대하여 평소에 안전교육을 실시하고 그 내용을 자주 되풀이하여 알려주며, 화재상황을 가상하여 배우고 익힌 대처방법을 실제로 반복하여 경험하게 함으로써 만약의 경우 손상을 최소화할 수 있도록 해야 한다.

화재 대피훈련 시 영유아들에게 알려주어야 할 내용과 대피훈련의 원칙은 다음과 같다.

① 영유아에게 대피 훈련의 이유와 방법을 설명해 준다.
② 영유아들이 공포를 느낄 수 있으므로 익숙해지기 전까지는 예고한 후 화재 대피훈련을 실시하는 것이 바람직하다. 이후 영유아들에게도 예고 없이 훈련이 실시될 것임을 알린다.
③ 화재경보기 소리를 식별하도록 한다. 화재경보기가 울리면 놀던 것을 멈추거나 화장실에서 나와 교사에게로 간다.
④ 교사의 지시대로 신속하게 움직인다. 자신의 소지품이나 옷 등을 챙기려 하지 않는다.
⑤ 대피훈련을 할 때 장난을 치지 않는다.
⑥ 처음부터 전체 영유아를 대상으로 훈련하기보다는 학급별, 연령별로 실시한 뒤 단계적으로 전체 영유아를 대상으로 한다.

3 화재 및 화상안전교육활동의 실제

소방관이 되어요

활동목표

- 소방관이 하는 일에 대하여 관심을 가지고 이해한다.
- 소방관이 사용하는 용품을 이용하여 소방관이 되어 본다.

활동자료

소방관 의복, 소화기, 전화기, 호스, 불을 표현할 빨간 천

활동방법

1. 겨울에 불이 나는 원인에 대해 알아본다.
   - 겨울에 불이 나는 이유에는 어떤 것들이 있을까요?
   - 불이 나면 어떻게 해야 할까요?
2. 소방관이 하는 일에 대해 알아본다.
   - 소방서는 무엇을 하는 곳일까요?
   - 소방관이 하는 일은 무엇일까요?
3. 소방관들의 안전을 보장하는 옷차림과 장비들에 대해 알아본다.
   - 소방관들은 어떤 옷을 입을까요?
   - 소방관들이 입는 옷은 어떤 역할을 할까요?
   - 안전을 보장하는 장비는 무엇이 있을까요?
4. 소방관에게 필요한 소품을 착용하고 실제 소방관이 되어 모형 불을 꺼본다.
   - 어떤 역할들을 해볼 수 있을까요?
   - 소방관은 불을 끄는 것 외에 겨울철 안전을 돕는 어떤 일을 할까요?
5. 소방관이 되어본 느낌을 이야기 나눈다.

활동 시 유의점

소방관이 되어 볼 때 질서를 지킨다.

확장활동

1. 소방관 아저씨께 고마움을 전하는 편지를 써 본다.
2. 소방서에 직접 견학을 가서 소방관이 하는 일을 체험한다.
3. 미술영역에서 소방관 모자, 여러 가지 소방용품을 만들어 본다.
4. 겨울철 난방용품의 안전한 사용법에 대한 안전교육을 한다.

왜 불이 났을까?

활동목표

- 화재가 발생할 수 있는 여러 가지 원인을 추론한다.
- 화재 시 행동요령에 대한 자신의 생각을 글과 그림으로 표현한다.

활동자료

활동지, 필기도구, 여러 화재 사진

활동방법

1. 실제 화재가 난 신문기사나 사진, 상황그림들을 보며 이야기를 나눈다.
2. 화재가 날 수 있는 상황에 대해 이야기를 나눈다.
   - 화재가 나는 장면을 본 적이 있나요?
   - 화재를 보면서 어떤 생각이 들었나요?
3. 활동지를 소개한 후 왜 불이 났을지 원인에 대해 적어본다.
   - (화재가 난 사진을 보면서) 화재는 왜 나는 것일까요?
   - 어떤 상황에 화재가 나는 것일까요?
4. 활동지에 적은 내용을 친구들에게 발표한다.

활동 시 유의점

상황이나 교사의 생각을 그대로 전달하여 받아 적기 활동이 되지 않도록 상호작용하며 유아들이 생각해 볼 수 있도록 한다.

확장활동

1. 화재 시 행동요령과 관련한 그림을 그려보게 한다.
2. 언어영역에서 겨울철 안전 수칙표 만들기 활동을 한다.

불을 꺼 주세요

활동목표

- 화재 시 소화 사용되는 용품들과 불을 끄는 방법을 안다.
- 규칙을 만들고 지키며 게임을 한다.

활동자료

게임판 2개, 불 그림자료, 돌림판

활동방법

1. 불이 난 그림자료를 보면서 이야기를 나눈다.
   - 왜 불이 났을까요?
   - 불이 나면 어떻게 해야 할까요?
   - 불이 나면 무엇으로 불을 끌 수 있을까요?
2. 불이 났을 때 필요한 물질이나 사물, 대처방법을 이야기한다.
   - 대피할 때는 어떤 자세로 대피해야 할까요?
   - 집안에서 불이 나면 어떻게 해야 할까요?
3. 게임방법에 대해 알아본다.
   - 게임판을 각각 나누어 가진 후 불 그림을 게임판 위에 붙인다.
   - 순서를 정한다.
   - 돌림판을 돌려 불을 끌 수 있는 방법이나 불을 끄는 물질이 나오면 불씨를 떼어 낸다.
   - 불장난하는 영유아 그림이 나오면 가져올 수 없다.
   - 한 명의 유아가 게임판 위의 불 그림을 먼저 다 떼어내면 마친다.
4. 게임을 한다.
5. 활동 후의 느낌에 대해 이야기를 나눈다.
   - 어떤 방법으로 불을 끌 수 있었나요?
   - 다음에 더 재미있게 게임을 하려면 무엇이 필요할까요?

확장활동

1. 동영상이나 그림자료를 통하여 소화기를 사용하는 방법에 대하여 알아본다.
2. 화재 대처방법을 알아보고 그 내용을 적은 책을 만들어 본다.

불이 났어요

활동목표

- 불이 났을 때 필요한 물건을 안다.
- 게임규칙을 이해하고 이동운동을 즐긴다.

활동자료

출발선, 불을 끌 수 있는 그림카드 4장(물, 소화기, 모래, 담요), 불을 끌 수 없는 그림카드 4장(종이, 부채, 양말, 나무), 불꽃 모양 그림조각, 융판, 소방관 그림카드

활동방법

1. 불이 났을 때 불을 끌 수 있는 여러 가지 물건과 불 끄는 방법에 대해 이야기 나눈다.
2. 그림카드를 보며 불을 끌 수 있는 것과 불을 끌 수 없는 것을 구별해 본다.
3. 게임방법에 대해 알아본다.
   - 팀을 나누고 팀 이름을 정한다.
   - 각 팀에서 한 명씩 출발선에 선다.
   - "불이 났어요"라는 신호를 듣고 출발한다.
   - 중간 지점에 있는 그림 카드 중에서 불을 끌 수 있는 그림을 선택해 반환점으로 달려간다.
   - 반환점에 있는 불꽃 모양 그림 조각 위에 불을 끄는 물건 그림 조각을 붙이고 다시 돌아온다.
   - 먼저 들어온 팀의 게임판에 소방관 그림을 붙여 표시한다.
4. 1~2명의 유아가 시범을 보인다.
5. 순서대로 게임을 한다.
6. 게임을 평가한다.
   - 불을 끌 수 있는 것에는 무엇이 있었나요?
   - 어떤 점이 재미있었나요?

활동 시 유의점

반환점의 불꽃 모양의 그림 조각보다 불을 끌 수 있는 그림 카드의 크기를 크게 하여 불 위에 그림 카드를 올렸을 때 불꽃 모양이 보이지 않도록 한다.

소화기 만들기

활동목표

- 소화기의 생김새와 사용법에 관심을 갖는다.
- 다양한 재료를 활용하여 소화기를 창의적으로 만든다.

준비물

백업, 빨래집게, 빨간색 시트지(또는 빨간색 스프레이), 투명한 병, 꾸밀 재료(빨대, 수수깡, 색 솜불 등), 매직, 모래, 순서도, 다양한 소화기 그림 또는 사진

활동방법

1. 불을 끌 때 사용하는 도구에 대해 알아본다.
   - 불을 끄려면 무엇이 필요할까?
     "물, 소화기, 바람"
2. 소화기 생김새에 대하여 이야기 나눈다.
   - 집이나 교실 건물 안에서 흔히 볼 수 있는 소화기는 어느 것일까?
   - 차 안에서 쓰는 작은 소화기를 본적이 있니?
   - 조리실에는 어떤 소화기가 있을까?
   - 불이 났을 때 던져서 불을 끄는 소화기를 본적이 있니?
3. 소화기 사용법에 대하여 이야기를 나눈다.
   - 작은 불을 소화기를 이용해서 어떻게 끌 수 있을까?
     (소화기를 그렸던 그림에서 소화기 손잡이 부분을 가르키며 손을 쥐었다 폈다하는 것을 보여 준다)
   - 소화기를 사용하면서 주의해야 할 것은 무엇이니?

활동 시 유의점

1. 빨간색 스프레이가 뿌려진 병을 사용할 때에는 미리 교사가 준비해 놓아 독성에 대한 유아의 피해가 없도록 주의한다.
2. 목공용 본드를 이용할 시 본드가 입 안에 들어가지 않도록 아이들의 손에 묻은 본드를 잘 닦으면서 사용하도록 주의한다.

3. 빨래집게로 유아가 자신의 손이나, 다른 친구의 얼굴에 장난쳐서 다치지 않도록 주의한다.
4. 유아가 백업과 완성된 소화기를 가지고 다른 사람에게 휘두르며 장난치지 않도록 주의한다.

활동 평가

1. 소화기의 생김새와 사용법에 대하여 평가한다.
2. 소화기에 대해 관심을 갖고 창의적으로 꾸미는지 평가한다.

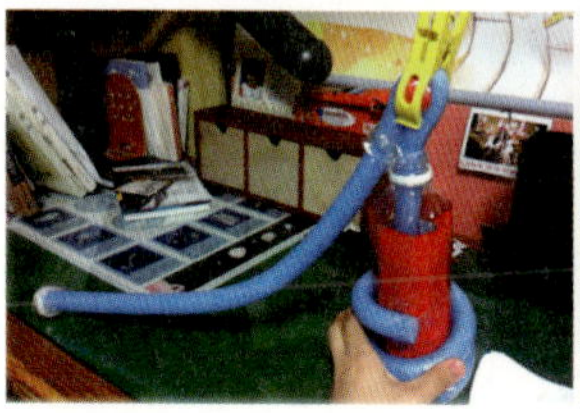

멈춰요! 엎드려요! 굴러요!

활동목표

- 화재가 났을 때 침착하게 대처하는 태도를 기른다.
- 몸에 불이 붙었을 때 대처방법을 알 수 있다.

활동자료

불꽃모양(부직포), 투명테이프, 신호악기(뮤직벨)

활동방법

1. 몸에 불이 붙었을 때 대처하는 방법에 대해 이야기 나눈다.
   - 만약에 불이 나서 우리 옷에 불이 붙으면 기분이 어떨까?
   - 만약 옷을 벗으면 어떻게 될까?
   - 어떻게 하면 옷에 붙은 불을 끌 수 있을까?
2. 신체 부위에 따라 불 끄는 방법에 대해 이야기 나눈다.
   - 등에 불이 붙으면 어떻게 몸을 굴려야 할까?

     (배 : 배를 땅에 대고 비벼서 끈다.

     머리 : 옷을 머리 위로 올려 끄거나 옷을 벗어 친구의 머리를 감싸 주거나 머리를 털어준다.

     등 : 등을 땅에 대고 누워 비벼서 끈다.

     다리 : 불이 붙은 다리를 땅에 대고 비벼서 끈다.)
3. 게임방법에 대해 이야기 나눈다.
   - 불꽃 모양을 투명테이프를 이용해서 몸에 붙인 후 출발신호에 따라 걸어나간다.
   - 신호악기 소리가 들리면 몸에 붙은 불꽃을 여러 가지 방법으로 떨어지게 한다.
   - 불꽃모양이 떨어지면 출발점으로 되돌아온다.
4. 두 팀으로 나누어 게임을 한다.

확장활동

동시 '멈춰요! 엎드려요! 굴러요!'를 외워보게 한다.

소화기 사용법

활동목표

- 소화기의 용도 및 사용법을 익힌다.
- 화재 예방에 대해 관심을 갖는다.

활동자료

그림자료(소화기 구조 및 사용법), 소화기

활동방법

1. 불이 나면 끌 수 있는 방법에 대해 알아본다.
2. 소화기 사용 시기에 대해 이야기 나눈다.
   - 소화기를 본 적 있니? 유치원(어린이집) 어느 곳에 있을까?
   - 소화기는 언제 사용할까?(작은 불일 때, 화재가 막 시작할 때 등)
3. 소화기 구조 및 사용법에 대해 익힌다.
   - 불이 난 곳을 확인하고 불이 난 곳 가까이에 바람을 등지고 선다.
   - 안전핀을 뽑는다.
   - 호스를 불이 난 곳으로 향하게 한다.
   - 손잡이를 강하게 움켜쥔다.
   - 불의 구석에서 중간으로 쓸 듯이 뿌린다.

확장활동

1. 지역의 소방서를 방문하여 소방관의 설명과 함께 직접 불을 끄는 체험을 해본다.
2. 여러 가지 폐품으로 소화기를 만들어 본다.

소방 대피 훈련

활동목표

화재 시 대피방법을 익힐 수 있다.

활동자료

비상벨(화재경보기), 소방훈련 VTR(소방서 자료 요청)

활동방법

1. 소방훈련 VTR을 보고 나서 소방훈련에 대해 이야기 나눈다.
2. 영유아와 함께 대피계획을 세운다.
   - 출구와 비상구를 알아둔다.
   - 신호를 약속한다.
   - 장소를 선정한다.
   - 신고하는 법을 안다.
   - 밖으로 나가서 이웃집 전화나 공중전화를 이용하여 소방서에 신고해야 한다는 것을 기억한다(119).
3. 실제 소방대피훈련을 한다.
   - 비상벨이 울리면 놀이하던 것을 멈추고 빨리 미리 정한 비상문 앞으로 모인다.
   - 연기가 가득할 경우 연기 아래로 낮게 기어가야 한다.
   - 옷이나 수건으로 입을 막고 기어간다.

확장활동

1. '삐뽀삐뽀 꼬마불자동차' 동화를 듣고 불이 나면 어떻게 할지 여러 가지 해결책을 글로 적거나 그림으로 표현해 본다.
2. 역할놀이영역에서 119구조대 놀이를 해본다.

Chapter 11

재난안전

1. 재난대비 안전교육의 필요성
2. 재난대비 안전교육의 목표 및 내용
3. 재난대비 안전교육활동의 실제

학습 목표

1. 재난안전사고의 유형을 교육할 수 있다.
2. 재난안전에 대한 교육을 할 수 있다.

재난이란 자연현상의 변화로 인해 일어나는 지진, 태풍, 폭설, 가뭄 등의 사고를 의미한다. 자연재해는 그 원인과 결과가 다양하지만 자연재난의 경우 불가항력적인 요소를 지니고 있다. 영유아들도 살아가면서 각종 재난사태에 처할 수 있는 만큼 재난에 대비하는 안전교육이 필요하다.

이 장에서는 재난대비교육의 필요성과 내용 및 재난대비교육활동의 실제에 관하여 살펴보고자 한다.

1 재난대비 안전교육의 필요성

재난은 먼저 자연재난과 인적 재난으로 구분할 수 있다. 자연재난은 자연현상 때문에 발생하는 것으로 비, 바람, 태풍 등에 의한 기상재난과 지진 및 화산활동으로 인한 지질재난을 포함한다. 인적 재난은 인간의 부주의로 발생하는 여러 가지 재난을 모두 포함한다.

과학의 발달로 자연재해에 대한 사전 감지가 이루어지고 있으며 이를 통해 예방대책을 세우기도 하지만 재난 발생의 양상 역시 더욱 복잡해지고 있다. 특히, 지구온난화가 진행되면서 집중강수량이 늘어나고 강수일수가 줄어들어 가뭄과 홍수 관리가 어려워지고 있다. 자연재난으로 인한 피해는 교통사고나 생활안전사고의 비율보다 높지는 않지만 한 번 발생하면 그 피해가 치명적이기 때문에 이에 대한 적극적인 교육과 훈련이 필요하다. 따라서 영유아는 자연재난에 대한 지식 및 환경을 중시하는 태도와 대응할 수 있는 기술을 습득하는 것이 필요하다.

2 재난대비 안전교육의 목표 및 내용

1) 교육목표

재난대비 안전교육의 목표는 영유아들이 자연재난의 의미와 위험성을 알고 자연재난이 발생했을 때 일어날 수 있는 상황, 자연재난으로부터 나를 보호하는 방법, 안전하게 대피하는 안전수칙에 대한 대처방법을 숙지하여 재난 발생 시 적절하게 대처할 수 있는 기술 및 태도를 익히도록 하는 데 있다.

2) 교육 내용

(1) 황사

황사의 개념과 원인, 문제점, 대피요령 등에 대해 영유아들에게 이해시키는 시간을 마련하고 황사 대피요령을 숙지하도록 지도한다. 황사는 봄철 건조해지면서 중국과 몽골의 사막지대에서 흙먼지가 우리나라에 날아오는 것이다. 우리나라는 최근 황사와 더불어 미세먼지에 대한 개념이 함께 사용되고 있는데, 차이점은 다음 〈표 11-1〉과 같다.

표 11-1 황사와 미세먼지의 차이점

구분	황사	미세먼지
용어정의	중국과 몽골의 흙먼지가 상승하여 우리나라로 이동한 것	석탄, 석유 등 화학연료 연소 시 배출되는 배출가스 및 대기오염물질
원인	자연현상	사람에 의한 대기오염
구성성분	봄철에 나타나며 토양성분이다.	환산염, 질산염과 같은 화학물질로 유해물질이다.

황사 발생에 따른 행동요령은 다음 〈표 11-2〉와 같다.

표 11-2 황사 발생 시 행동요령

구분	행동요령
황사 발생 전 (황사 예보 시)	• 기상예보 청취, 지역실정에 맞게 휴원이나 단축 운영 검토하기 • 원아 비상연락망을 점검하고 체계 유지하기 • 휴원 또는 단축 운영 시 맞벌이부부 자녀에 대한 대책 마련하기 • 원아 및 부모 대상으로 황사대비 행동요령 지도 및 홍보하기
황사 발생 중 (황사특보 발령 시)	• 실외활동 금지, 단축 또는 휴원하기 • 불가피한 경우 마스크 착용하기 • 대기 중 실시간 미세먼지 농도 확인하기
황사 종료 후 (황사특보 해제 후)	• 실내 · 외 청소, 먼지 제거, 방역 실시하기 • 감기, 안질 등에 걸린 원아는 쉬게 하거나 일찍 귀가 조치하기 • 손발 씻기 또는 샤워하기

(2) 폭염

4세 이하의 영유아는 무더위나 폭염에 특히 취역하므로 매년 6~9월경에 내려지는 폭염특보 기간에는 12시~오후 4시 사이의 실외활동을 자제하고 실내에서 활동하는 등의 조치가 필요하다. 폭염대비 준비요령과 폭염 발생 시 대비요령은 다음과 같다.

① 폭염대비 준비요령

- 라디오, TV 등의 무더위 관련 기상상황에 매일 주목한다.
- 가까운 병원의 연락처를 확인하고 영유아의 열사병 등 증상을 체크한다.
- 냉방기 사용 시는 실내외 온도차를 5℃ 내외로 유지하여 냉방병을 예방한다.
- 변압기를 점검하여 과부하에 사전 대비한다.
- 창문에 커튼이나 천 등을 이용, 건물 안으로 들어오는 직사광선을 최대한 차단한다.

② 폭염 발생 시 행동요령

- 실외활동의 자제 및 실내활동으로 대체하기

- 교실이나 보육실을 시원하게 유지, 편한 복장으로 활동하기
- 활동 중간에 휴식시간을 갖거나 피곤해하는 영유아들을 쉴 수 있도록 한다.
- 낮잠 시간을 충분히 갖되 교사들도 잠시 쉬도록 한다.
- 창문 등에 커튼 치기(폭염경보 발생 시)

(3) 태풍

지구온난화의 영향으로 태풍, 국지성 집중호우, 홍수, 낙뢰, 천둥 등이 잦아지고 있으므로 사전에 기상변화에 대한 교육을 할 필요가 있다. 태풍 예보 시와 태풍의 영향권에 있을 때 취할 조치는 다음과 같다.

① 실내 · 외의 날아갈 위험이 있는 시설물 점검하고 조치하기
② 원아 비상연락망 점검 및 연락 체계 유지
③ TV나 인터넷, 라디오 등을 통해 기상예보 수시로 확인하기
④ 실외활동이나 야외활동 연기하기
⑤ 원아 및 부모 대상의 태풍 대비 행동요령 지도 및 홍보하기
⑥ 지역 실정에 맞게 휴원 또는 단축 운영 검토하기(태풍주의보, 경보 발령 시)
⑦ 천둥, 번개가 칠 경우 실내나 낮은 곳으로 대피하기(태풍주의보, 경보 발령 시)

(4) 지진

우리나라에서 지진이 자주 발생하지는 않지만 혹시 모르는 지진 발생에 대해 경각심을 갖도록 해야 한다. 유아교육기관에서도 지진 대피요령을 훈련해 보아야 하지만 대피요령을 가정통신문으로 전달하여 가정에서도 지진대피 훈련을 해볼 수 있도록 안내할 필요가 있다. 지진에 대비하기 위해 알고 있어야 할 사항은 다음과 같다.

① 평상 시 무겁고 깨지기 쉬운 물건은 낮은 곳에 비치하기
② 주방, 교실이나 보육실 등에 소방기구 비치해 두기

③ 위험물(가스레인지, 난로, LPG 가스통 등) 보관 및 관리 주의하기

④ 두꺼비집, 가스 및 수도의 차단장치 위치와 조작방법 숙지하기

⑤ 실내의 대피장소(견고한 책상 밑 등)와 위험장소(유리창 주변, 책장이나 넘어지기 쉬운 가구 주변 등)를 확인해 두기

⑥ 원아 및 부모, 교사 대상의 지진대비 행동요령 홍보 및 숙지하기

- 교실이나 보육실 책상 밑에 들어가 다리를 붙들고 몸을 숙이기
- 대피장소가 없을 경우 방석으로 머리 보호하기
- 창문이나 출입문, 전등 등 깨지거나 떨어지기 쉬운 물건 주위에서 떨어져 있기

3 재난대비 안전교육활동의 실제

봄의 불청객 황사

활동목표

- 황사에 대해 관심을 갖고 알아본다.
- 황사에 대처하는 방법을 알아본다.

활동자료

그림카드, 글자카드, 각종 만들기 재료들, 마스크

활동방법

1. 오늘 날씨에 대해 이야기 나눈다.
   - 뿌연 하늘을 무엇이라고 하는지 아니?
2. 황사 사진을 보면서 이야기 나눈다.
   - 황사를 들어본 적이 있니?
   - 황사는 왜 생기는 걸까?
   - 황사를 보면 어떤 생각이 드니?
   - 황사를 피하는 방법은 무엇이 있을까?
3. 오늘 활동할 '나만의 마스크 만들기'를 소개한다.
   - 선생님이 각자 마스크를 나누어 줄게. 재료를 가지고 우리 '나만의 마스크 만들기' 활동을 시작해보자.
   - 선생님이 오늘 가져온 재료들은 무엇이 있는지 살펴보자.
4. 자신이 만든 마스크를 친구들에게 소개한다.
   - 나만의 마스크를 친구들에게 소개해주고 싶은 친구 있니?

활동 시 유의점

만들기를 할 때 손을 다치지 않도록 안전에 유의한다.

활동평가

1. 황사가 생기는 이유에 대해 이해하고 자신이 이해한 것을 말하는지 평가한다.
2. 친구들이 만든 마스크를 가지고 평가한다.

확장활동

바깥놀이 시간에 마스크를 쓰고 활동한다.

유아들이 만든 나만의 마스크

황사를 막아요

활동목표

- 황사에 대한 경험을 나눈다.
- 나무가 모래바람을 막아주는 것을 안다.
- 게임의 규칙을 알고 즐겁게 참여한다.

활동자료

황사, 숲 사진 (도입자료), 황사실험박스, 나무 모형, 미숫가루, 빨대, 사막, 건물그림, 호루라기, 먼지, 나무 스티커

활동방법

1. 황사에 대하여 이야기 나눈다.
   - 우리 창밖에 하늘이 어떻게 보이니?
   - (황사가 낀 도시사진을 보여 주며) 사진에 있는 하늘은 어떤 것 같아?
   - 왜 노랗게 보일까?
   - 황사를 알고 있는 친구가 있니?
   - 황사는 중국에 있는 사막으로부터 바람이 불어서 모래 먼지들이 바람을 타고 우리나라로 날아오는 거래.
   - 황사가 오는 날 우리가 밖에 나가면 우리 건강이 어떻게 될까?
   - 황사를 예방할 수 있는 방법은 무엇이 있을까?
2. 나무가 황사를 막아 주는 것에 대해 이야기 나눈다.
   - (숲 사진을 보여 주며) 이 사진에 무엇이 있는 것 같아?
   - (상자를 보여 주며) 상자에 어떤 것들이 있지?
   - 선생님이 중국 사막에서 한국의 도시로 모래바람을 불어 볼거야. 어떻게 되는지 우리 같이 보자.
   - (가운데 나무 모형을 끼우며) 이번엔 선생님이 나무를 심어볼게. 어떻게 될지 한번 같이 보자.
   - 나무들이 어떻게 황사로부터 우리를 지켜 주는 것 같니?

3. 게임방법을 알아본다.
   - 나무가 될 친구를 뽑는다.
   - 모래먼지가 된 유아들은 사막 위에, 나무가 된 유아는 초록색 선 위에 선다.
   - 노래에 맞춰 춤을 추다가 호루라기를 불면 나무가 된 친구는 모래친구들을 지나가지 못하도록 하고 모래친구들은 나무친구를 피해서 지나간다.
   - 나무친구에게 잡힌 모래친구는 같이 나무가 되어 모래친구를 막는다.
   - 호루라기를 다시 불면 도시로 몇 명의 모래친구들이 갔는지 세어본다.
4. 약속을 정하고 게임을 한다.
   - 그럼 즐거운 게임을 하기 위해서 지켜야 할 약속이 어떤 것이 있을까?

활동 시 유의점

1. 신체활동을 하면서 다치는 일이 없도록 규칙을 정한다.
2. 단순한 재미가 아닌 나무의 수가 늘어날수록 모래바람이 잘 막아진다는 것을 알 수 있도록 유의한다.

활동평가

1. 황사를 예방하는 방법에는 무엇이 있는지 안다.
2. 규칙과 약속을 지켜 활동에 즐겁게 참여하는지 평가한다.

확장활동

1. 나만의 황사 예방방법 그려보기
2. 황사 마스크 만들기
3. 나무 심어보기

지진이 일어나면

활동목표

- 지진과 지진의 위험성에 대해 알아본다.
- 지진대처방법을 알고 지진이 일어나면 침착하고 신속하게 행동할 수 있다.

활동자료

땅이 갈라진 사진, 집이 무너진 사진, 지진대처방법판, 종이, 색연필, 사인펜, 꾸미기 재료

활동방법

1. 지진이 무엇인지 이야기를 나눈다.
   - 하늘반 지진이 무엇인지 아니?
   - 지진이 나면 어떻게 될까?
2. 지진에 대해 이야기를 나눈다.
   - 우리나라의 이웃인 나라에서는 지진이 많이 난대~. 무슨 나라인지 선생님이 수수께끼를 낼게 맞춰보자.(일본)
   - (건물이 무너진 사진, 해일 사진, 땅이 갈라진 사진을 보여 주며 설명) 이 사진들은 무엇인거 같니?
3. 지진이 일어나면 어떻게 될지에 대해 이야기를 나눈다.
   - 지진이 일어난 곳의 사람들은 무엇이 가장 필요할까?
   - 우리가 이 사람들에게 줄 수 있는 구호물품은 어떤 것들이 있을까?
4. 지진대처방법을 알아본다.
   - 지진은 일본에만 나는 걸까? 우리나라에서도 지진이 날 수 있지.
   - 지진이 났을 때 어떻게 해야 되는지 다 같이 읽어 보도록 하자.

활동 시 유의점

이야기 나누기 시 유아들이 친구들의 이야기에 귀를 기울일 수 있도록 한다.

활동평가

1. 유아가 다른 나라의 재난에 대해서 입장을 바꿔 생각하며 자신의 생각을 말할 수 있다.
2. 유아가 구호물품에 대해 알고 대처방안을 인식할 수 있다.

확장활동

지진대처방법을 몸을 이용해서 직접 해본다.

솜뭉치 실험

활동목표

- 평상시와 황사가 있는 날 솜뭉치를 관찰하여 황사가 온 날의 특징을 이해한다.
- 관찰한 내용을 수집해 기록해 본다.

활동자료

솜, 활동지, 연필, 지우개, 색연필

활동방법

1. 황사가 온 것을 알려면 어떻게 하면 좋을지 이야기 나눠본다.
   - 황사가 우리 동네에 온 것을 어떻게 알 수 있을까요?
2. 황사가 온 것을 우리가 실험으로 알아보기 위해 솜뭉치를 밖에 놓아 보기로 한다.
   - 솜뭉치를 놓아두고 황사가 오지 않은 날과 온 날의 변화를 관찰해 볼까요?
3. 활동지를 통하여 솜뭉치의 변화를 체크한다.
   - 오늘의 날씨를 기록하고 솜뭉치의 색깔을 표현해 볼까요?
   - 글로 표현해 본다면 뭐라고 기록해 볼까요?
   - 황사가 온 날과 오지 않은 날의 솜뭉치 색깔은 어떻게 다른가요?

활동 시 유의점

1. 솜뭉치를 만지지 않고 눈으로만 관찰하기로 한다.
2. 황사가 오면 솜뭉치는 흙빛으로 변함을 이해한다.

황사 예방꼬치 만들기

활동목표

- 기관지에 좋은 해초류, 돼지고기, 채소의 종류를 안다.
- 요리 순서를 알고 순서에 맞게 요리하는 경험을 가진다.

활동자료

미역, 다시마, 양파, 베이컨, 떡꼬치 소스, 프라이팬, 뒤집개, 식용유, 앞접시, 앞치마, 머리수건, 긴 이쑤시개

활동방법

1. 황사가 오는 날의 특징을 생각해 본다.
   - 황사가 오는 날에는 모래바람으로 인하여 우리의 몸은 어떻게 될까요?
2. 기관지염, 후두염 등 질병을 예방하기 좋은 음식이 있음을 이야기한다.
   - 기관지염, 후두염이 걸렸을 때 먹으면 좋은 음식이 있대요. 혹시 친구들이 아는 음식이 있나요?
3. 기관지염, 후두염에 좋은 해초류, 돼지고기, 채소를 소개한다.
   - 미역, 다시마, 돼지고기, 양파 등이 기관지염, 후두염을 예방해 준답니다.
4. 이런 재료들을 이용하여 요리활동을 해보기로 하며 자료를 소개한다.
   - 미역, 다시마, 양파, 베이컨, 떡꼬치 소스, 프라이팬, 뒤집개, 식용유, 앞접시, 앞치마, 머리수건, 긴 이쑤시개
5. 요리 순서를 이야기한 후 손을 씻고 앞치마와 머릿수건을 착용한다.
6. 순서에 맞춰 요리를 한다.
   - 모든 재료를 3cm×3cm 크기로 준비한다.
   - 양파를 프라이팬에 볶는다.
   - 베이컨을 프라이팬에 살짝 익힌다.
   - 미역, 양파, 베이컨, 다시마를 꼬치에 끼운다.
   - 떡꼬치소스를 발라 맛있게 먹는다.

- 다먹은 접시는 정리한다.
- 손을 씻은 후 앞치마와 머리 수건을 잘 접어 정리한다.

7. 활동 후 평가를 한다.

확장활동

요리활동을 한 후 요리과정을 신체표현으로 연계할 수 있다.

지진이 일어났어요

활동목표

- 지진이 일어났을 때 침착하고 안전하게 대피할 수 있는 방법을 안다.
- 지진의 대처상황을 극놀이로 표현한다.

활동자료

테이블, 안전밸브, 방석 또는 쿠션, 일본 해일피해 사진, 소방방재청 어린이네마(http://kids.nema.go.kr)

활동방법

1. 지진이 일어날 때의 현상과 지진에 대해 알아보면서 이야기를 나눈다.
   - 땅이 흔들리는 것을 느껴본 적 있어요? 언제 느껴보았나요? 땅이 흔들리는 것을 무엇이라고 할까요?
2. 지진 발생 시 안전한 행동요령에 대해 알아본다. 지진이 나면 어떻게 해야 할까?

> **〈지진 발생 시 행동요령〉**
> - 지진이 느껴지면 탁자(책상 등) 밑으로 들어가서 몸을 보호한다.
> - 화재의 위험이 없도록 가스안전밸브를 잠근다.
> - 비상구를 확보한다.
> - 안내방송에 귀를 기울이고 상황을 주시한다.

3. 지진이 일어나면 주의해야 할 것은 무엇이 있을까? 물건이 떨어질 수 있고 유리, 거울이 깨지면 다치기 때문에 신발을 신고 다녀야해요.
4. 지진 발생 시 안전한 행동요령에 따라 해본다.

확장활동

1. 실외놀이에서 지진이 일어나게 되었을 때의 상황을 극놀이한다.
2. 현장지진체험(서울시민안전체험관, 보라매 안전체험관, 광나루 안전체험관 등)을 견학한다.
3. 소방방재청 '어린이네마(http://kids.nema.go.kr)'를 방문하여 활동한다.

참고자료

1. 지진은 지면이 흔들리는 자연현상을 말한다.
2. 지진은 길어야 1~2분이며, 강한 진동이 계속되는 시간은 대개 15초를 넘지 않으므로 멀리 대피하려 하지 않도록 한다.
   - 지진 후에는 언제나 지진보다 약한 흔들림이 뒤따르게 되므로 여진이 있을 때 당황하지 않도록 한다.

눈이 많이 내려요 (폭설)

활동목표

- 눈이 많이 내리는 상황을 이해한다.
- 안전하게 내 몸을 보호하는 방법을 알아보고 실천한다.

활동자료

여러 가지 종류의 옷, 모자, 귀마개, 장갑, 목도리, 털장화 등

활동방법

1. 눈이 많이 내린 것을 본 경험이 있는지 이야기 나눈다.
   - 눈이 많이 내리는 것을 본 적이 있니?
   - 눈이 많이 내리면 날씨가 어떠니?
2. 눈이 많이 내리고 날씨가 추워지면 우리 몸을 어떻게 보호해야 하는지 알아본다.
   - 눈이 내리고 날씨가 추워지면 어떻게 해야 할까?
   - 우리 몸을 따뜻하게 보호하려면 어떻게 해야 할까?
3. 몸을 따뜻하게 해주는 여러 가지 소품을 탐색해 본다.
   - 몸을 따뜻하게 하려면 어떤 것들이 필요할까?
4. 준비한 여러 가지 소품을 착용해 보고 난 느낌을 이야기 나눈다.
   - 털옷, 털장화, 귀마개, 장갑을 우리 몸에 해볼까?
   - 입어보니 어떠니?

확장활동

역할영역에 따뜻하게 해주는 소품들을 제시해 주고 놀이를 하도록 한다.

하늘 친구들 (천둥과 번개)

활동목표

- 천둥과 번개가 나타나는 현상을 이해한다.
- 천둥과 번개가 칠 때 안전하게 행동하는 방법에 대해 안다.

활동자료

'하늘 친구들' 융판동화, 융판, 동극 목걸이

활동방법

1. '하늘 친구들' 융판 동화를 듣고 이야기 나눈다.
   - 하늘에는 어떤 친구들이 살고 있었니?
   - 하늘에 사는 친구들은 어떤 일들을 했니?
   - 번쩍이, 태풍이, 줄줄이가 뽐낼 때 우리는 어떻게 해야 할까?
2. 동극을 할 때 필요한 것을 이야기 나눈다.
   - 동극을 하려면 무엇이 필요할까?
   - 무대와 역할은 어떻게 정할까?
3. 동극을 하고 다시 역할을 바꾸어 해본다.
4. 동극을 하면서 느낀 점을 이야기한다.

확장활동

천둥 번개에 대해 그림으로 표현해본다.

동화 : 하늘 친구들

홍지현 지음

구름이는 언제나 땅이 부러웠어요.

구름이 : 땅에는 풀도 있고 나무도 있고, 친구들도 살고 재미있는 일들이 참 많으니 얼마나 좋을까?

구름이는 불평으로 가득차 하늘이에게 투정했어요.

구름이 : 하늘아 넌 심심하지 않니? 난 땅으로 가서 이곳저곳 돌아다니며 구경하고 싶어.

그러자 하늘이가 말했어요.

하늘이 : 하늘도 잠잠하지만은 않아. 얼마나 많은 일들이 일어나고 있는데...
구름이 : 정말?
하늘이 : 그럼 나를 따라와 봐.

하늘이는 구름이를 데리고 하늘 친구들을 소개시켜 주기로 했어요.
하늘이는 구름이와 함께 번쩍이를 만나러 갔어요.

구름이 : 안녕, 안녕! 어 너는 누구니?
번쩍이 : 난 번쩍이야. 내가 기지개를 펴면 번쩍하고 번개가 치지.

(장면 1을 제시한다)

구름이 : 우와, 멋지구나.
하늘이 : 하지만 번개를 맞으면 전봇대도 나무도 쓰러지고 사람도 다칠 수 있어.

(장면 2를 제시한다)

번쩍이 : 그럴 땐 밖에 나가 놀면 안 돼. 그리고 내 번개가 그칠 때까지 쭈그리고 앉아서 기다려야 한단다.
구름이 : 아하~ 그렇구나!!

이번에 하늘이는 구름이를 데리고 태풍이에게 갔어요.

구름이 : 안녕, 안녕! 너는 누구니?

태풍이 : 난 태풍이야, 내가 하품을 하면 센 바람이 불어 후후 ~~~

구름이 : 우와, 멋지구나.

하늘이 : 하지만 태풍이 불면 나무도 쓰러지고 지붕도 날아가.

(장면 3을 제시한다)

태풍이 : 그럴 때도 밖에 나가서 놀면 안 돼. 만약 밖에 있는데 태풍이 분다면 절대로 울타리나 큰 나무 밑으로 가면 안 돼. 쓰러지면 위험하거든.

구름이 : 아하~ 그렇구나!!

하늘이는 마지막으로 줄줄이 친구를 소개시켜 주기로 했어요.

구름이 : 안녕, 안녕! 너는 누구니?

줄줄이 : 난 줄줄이야. 내가 울면 비가 내리지.

구름이 : 우와, 멋지구나.

하늘이 : 하지만 비가 많이 오면 집도 잠기고 농작물도 다 떠내려가게 돼.

(장면 4를 제시한다)

구름이 : 그럼 그럴 땐 어떻게 하니?

줄줄이 : 집으로 얼른 들어가고 모르는 곳은 가면 안 돼. 평상 시 안전한 곳도 물이 차면 위험할 수 있으니까 조심해야 해.

구름이 : 아하~ 그렇구나!!

하늘이 : 어때 하늘에서도 땅에서처럼 많은 일들이 일어나지?

구름이 : 정말 그렇네. 하지만 너희 친구들 때문에 아이들이 모두 겁을 먹고 밖으로 나오지도 못하고 놀지도 못할 것 같은데?

(장면 5를 제시한다)

하늘이 : 그렇지만 아까 우리가 알려준 것들만 우리가 약속한다면 모두들 안전하게 지낼 수 있어.

번쩍이, 태풍이, 줄줄이 : 맞아 맞아 ~

구름이 : 얘들아, 중요한 것들을 알려주러 가야지. 어서 땅에 있는 친구들에게 알려주러 가야지.

구름이는 하늘 친구들 덕분에 많은 것을 배웠어요.
더 이상 땅을 부러워하지 않고 즐겁게 지냈답니다.
그리고 땅에 있는 친구들에게 안전수칙을 전해주는 중요한 역할을 하기로 결심했어요.

출처 : 한국생활안전연합(2004). 재난대비교육 프로그램.

비가 많이 내려요 (홍수)

활동목표

- 홍수가 생기는 현상을 안다.
- 홍수가 났을 때 어떻게 행동해야 하는지 알고 실천할 수 있다.

활동자료

홍수가 난 상황 그림이나 사진자료, 동화 '얘들아 어디 있니?

활동방법

1. 홍수의 개념과 일어나는 과정에 대해 이야기 나눈다.
   - 비가 많이 오면 어떻게 될까?
   - 왜 홍수가 나는 것일까?
2. '얘들아 어디 있니?' 동화를 들려주고 홍수가 일어나는 상황을 간접경험 한다.
3. 홍수가 나면 어떻게 대처해야 할지 이야기 나눈다.
   - 홍수가 나면 제일 먼저 무엇을 해야 할까?
   - 가장 안전한 곳이 어디일까?

확장활동

홍수가 났을 때 안전하게 대피할 수 있는 안전수칙을 만들어 본다.
- 밖에 혼자 나가지 않는다.
- 물이 고이거나 잠긴 길에 들어가지 않는다.
- 물이 거꾸로 솟거나 물살이 회오리 칠 수 있으므로 맨홀, 하수구 등의 주변에 가지 않는다.
- 고립될 경우 지붕, 옥상 등에 올라가 구조를 요청하고, 만일을 위해 스티로폼 상자, 고무튜브, 뗏목을 이용해 탈출한다.
- 끊긴 전깃줄 근처에 가면 감전될 위험이 있으므로 가까이 가지 않는다.

동화 : 얘들아! 어디 있니?

이현숙 지음

며칠 전부터 내리던 비가 멈추고 맑은 날이 되었어요.
날이 맑아지자 토순이, 염순이, 꿀꿀이, 꼬순이는 산으로 놀러 갔답니다.
그런데 갑자기 검게 하늘이 변하더니, '우르르 꽝, 꽝' 천둥소리와 함께 굵은 빗줄기가 쏟아지기 시작했어요.
후두둑, 후두둑, 쏴아!

곰 할머니 : 아니, 웬 비가 이렇게 오나? 아이들이 지금 산속에서 놀고 있을 텐데. 어디 있을까?

산속에서 뛰어놀던 토순이, 꿀꿀이, 염순이, 꼬순이는 천둥 번개와 함께 갑자기 내린 비로 집에 돌아가는 길을 잃어 버렸어요.

토순이 : 어떡하지? 할머니가 기다리고 계실 텐데.

그때 커다란 나무에 '번쩍'하고 번개가 치더니 나무가 부러졌어요.
산 위에서는 강처럼 커다란 물줄기가 쏟아져 내렸어요.

곰 할머니 : 어떡하면 좋을까? 우리 아이들이 집에 오기 어려울 텐데. 찾아 나서야겠다.
토순이 : 아이 무서워! 강물처럼 내려오는 무서운 빗물을 빨리 피하자.

토순이의 말이 끝나기도 전에 산꼭대기에 있던 호수가 넘쳐버렸어요. 호수의 물줄기는온산을 삼켜버릴 만큼 빠르고 무섭게 나무, 풀, 숲 속의 동물들을 삼켜 버리고 있었어요. 산속으로 놀러갔던 토순이, 꿀꿀이, 염순이, 꼬순이는 서로 잃어버리지 않게 손을 꼭 잡고 높은 곳을 향해 걸어갔어요.
왜냐하면 할머니의 말이 생각났기 때문이에요. "이렇게 비가 많이 와서 물이 넘칠 때는 높은 곳으로 가야 된단다." 토순이, 꿀꿀이, 염순이, 꼬순이는 높은 산 바위 틈 사이로 함께 들어갔어요.

꿀꿀이, 꼬순이 : 아이, 무서워. 이러다가 집에도 못가고 할머니도 못보고 어떡하면 좋아!
염순이 : 얘들아, 이럴 때일수록 우리가 서로 힘을 합쳐서 무서움을 이길 수 있게 할머니가 가르쳐 준 노래를 부르는 거야. 그러면 할머니가 우리를 찾으러 오실거야.

그때부터 꿀꿀이, 꼬순이, 염순이, 토순이는 노래를 부르기 시작했어요.

할머니는 굵은 빗줄기를 뚫고 산속을 헤매면서 동물 친구들의 이름을 불렀어요.
그런데 어디선가 작은 노랫소리가 가냘프게 들려왔어요.

곰 할머니 : 아니, 이 노래는 우리 아이들과 함께 불렀던 노래인데, 어디서 이 소리가 들리는지 찾아보자.

할머니는 노랫소리가 들리는 쪽을 향해 비를 맞으며 힘을 내서 달려갔어요.
그때였어요. 점점 작게 들리던 소리가 큰 바위틈에서 나오고 있다는 것을 알게 되었어요.
할머니는 높은 곳에 있는 바위틈에 들어가 보았어요.
그 순간 손을 꼭 잡고 힘을 합쳐서 노래를 부르고 있는 토순이, 꿀꿀이, 꼬순이, 염순이를 발견했어요.

곰 할머니 : 아이고, 얘들아 살아있었구나.
토순이, 꼬순이, 꿀꿀이, 염순이 : 할머니! 빗물이 넘쳐서 큰 줄기로 변해 홍수가 되니 까 정말 무서웠어요.
곰 할머니 : 정말 장하구나. 홍수가 날 때는 높은 곳으로 올라가서 비를 피해야 한단다. 빗물이 밑으로 내려가기 때문이지. 그리고 번개가 칠 때는 나무 밑에 있으면 안돼요. 번개가 나무를 치게 되면 쓰러져서 다칠 수 있기 때문에 아주 위험하단다.

할머니와 동물 친구들이 서로 이야기를 마쳤을 때 바위틈으로 가느다란 햇살이 들어왔어요. 바위 밖으로 나온 할머니와 동물 친구들을 맑은 햇볕과 고운 무지개가 아름답게 비춰주었어요.

출처 : 한국생활안전연합(2004). 재난대비교육 프로그램.

바람이 세게 불어요 (태풍)

활동목표

- 태풍이 부는 상황을 이해한다.
- 태풍으로부터 안전하게 대피하는 방법을 알아본다.

활동자료

태풍이 부는 상황 그림이나 사진자료, 태풍 관련 동영상

활동방법

1. 태풍이 부는 것을 본 경험이 있는지 이야기 나눈다.
   - 태풍이 부는 것을 본 적이 있니?
2. 컴퓨터 영역에서 태풍 관련 동영상을 보며 이야기 나눈다.
   - 태풍이 세게 치는 것을 보니 어떠니?
3. 태풍이 불면 어떻게 대처해야 하는지 이야기 나눈다.
   - 태풍이 불 때 우리 몸을 보호하려면 어떻게 해야 할까?
   - 너희들이 생각한 안전수칙을 만들어 볼까?
4. 태풍에 대한 안전수칙을 만들어 소개하고 이야기 나눈다.
   - 태풍이 불면 어떤 곳이 위험할까?
   - 태풍이 불면 쓰러지거나 물건이 떨어질 수 있으니 울타리, 큰 나무, 공사장 담벼락 등 위험한 곳은 가지 않아야겠지.
   - 어떤 곳이 안전할까?
   - 되도록 밖으로 나가지 않고 집안에 있는 것이 안전하단다.

확장활동

자연재해 신문 만들기 언어활동을 해본다.

Chapter 12

약물안전

1. 약물 오 · 남용 안전교육의 필요성
2. 약물 오 · 남용 안전교육의 목표 및 내용
3. 약물 오 · 남용 안전교육활동의 실제

학습 목표

1. 약물안전사고의 유형을 교육할 수 있다.
2. 약물안전에 대한 교육을 할 수 있다.

약물이란 질병의 예방과 치료 등 신체적인 기능의 변화를 유도하는 물질로, 병이나 상처를 치료하기 위해 먹거나 바르는 의약품, 우리의 일상생활에 해를 끼치는 동물이나 식물을 제거하기 위해 사용되는 농약, 파리약, 모기약 등, 물건에 사용하는 구두약 등으로 구분지을 수 있다. 약물 오·남용이란 약물을 지속적 또는 산발적으로 과용하는 것과 약물을 사용용도에 맞지 않게 사용하는 것을 의미한다.

약물은 인간의 건강에 필요하고 중요한 것이지만 약물 오·남용은 개인의 건강, 특히 영유아의 건강에 치명적인 손상을 가져오게 된다.

이 장에서는 약물 오·남용 안전교육의 필요성과 교육목표 및 내용, 활동의 실제에 관하여 살펴보고자 한다.

1 약물 오·남용 안전교육의 필요성

약물 오·남용의 문제는 의학적 측면에서 약의 독성과 부작용이 나타나며, 약물에 내성이 생겨 지나치게 많은 양을 사용하여 사망하거나 후유증이 전염될 수 있다. 예를 들면, 영유아에게 태아 약물 증후군을 일으켜 약물 중독이나 정신적·신체적 장애아가 태어 날 수 있다.

사회적 측면에서는 약물에 취하여 제정신이 아닌 상태에서 충돌, 자살, 살인 등 전혀 예측 불가능한 각종 폭력사고를 유발할 수 있다. 또한 약물의 계속적인 오·남용은 심리적, 신체적으로 약물에 의지하게 되어 일상의 활동이 점차 약물 중심으로 바뀌는 현상을 불러오고 약물을 사용하다 중단하는 경우에 구토, 설사, 눈물, 콧물, 불안, 경련과 발작, 혼수상태 등 특정한 증세를 유발하기도 한다.

따라서 유아교육기관에서는 영유아가 면역력이나 소화기능이 약하여 소량의 의약품에도 치명적인 영향을 받을 수 있으므로 약물 오·남용 교육을 통하여 약물에 대한 올바른 사용과 목적을 잘 알도록 지도해야 한다.

2 약물 오·남용 안전교육의 목표 및 내용

1) 교육목표

약물 오용이란 약물을 의사의 처방 없이 임의로 사용하는 것으로, 예를 들어 혈압약이나 고지혈증약, 변비약 등을 한꺼번에 복용하는 것이라 할 수 있다. 약물 남용이란 약물을 치료나 예방이 아닌 다른 목적으로 사용하는 것으로, 예를 들어 항생제가 필요하지 않은 질병이나 미량이 필요한 질병에도 항생제를 무분별하게 복용하는 것을 의미한다. 호기심이 많고 무엇이든지 입으로 가져가서 탐색하려는 특징이 있는 영유아기는 색색가지로 되어 있는 약물이 유해한 것인지 아닌지 판단하지 못하고 그냥 삼키는 경우가 많다. 또한 영유아용 의약품은 먹기 좋도록 달콤하기 때문에 과잉 복용함으로써 일으키는 사고도 많이 일어난다.

이에 약물 오·남용 안전교육에서는 생활주변에 산재한 의약품들을 인식하고, 의약품을 오·남용했을 때의 위험성을 알려주어 의약품에 대한 통제력을 갖게 해주어야 한다. 구체적인 목표는 다음과 같다.

첫째, 의약품의 고마움과 해로움을 인식한다.
둘째, 함부로 의약품을 먹거나 마시지 않아야 함을 알고 실천하는 태도를 기른다.
셋째, 의약품의 올바른 사용과 복용법을 알고 실천하는 태도를 기른다.

2) 교육 내용

(1) 의약품의 올바른 복용 및 보관방법

① 의약품의 올바른 복용
복용 전 라벨이나 사용설명서에 있는 성분, 용량, 용법, 주의사항, 유효기간 등을 주의깊게 읽고 반드시 지킨다.
② 의사나 약사의 처방에 따른다.
③ 약의 종류에 따라 알맞게 사용한다.

④ 오래된 약, 사용기한 등을 알 수 없는 약은 버린다.

⑤ 어린이의 손이 닿지 않는 곳에 보관한다.

(2) 의약품의 보관방법

① 알약

- 원래의 의약품 용기에 넣어 보관하고 건조하고 서늘한 곳에 보관한다.
- 알약이 들어 있는 병이 햇빛을 받으면 병 안쪽으로 습기가 차고 곰팡이가 생겨 변질될 수도 있기 때문에 직사광선을 피해 보관한다.

② 가루약

- 가루약은 병원이나 약국에서 조제된 것이므로 알약보다 유효기간이 짧다.
- 습기에 약하므로 건조한 곳에 보관하도록 특별히 주의한다.
- 색깔이 변했거나 굳었다면 폐기한다.

③ 시럽

- 항생제 시럽 중에는 냉장보관하는 경우가 많으므로 주의한다.
- 복용 전 반드시 색깔이나 냄새를 확인한다.

④ 좌약

- 좌약은 실온에서 녹도록 만들어졌기 때문에 15℃ 이하 서늘한 곳에 보관한다.
- 개봉 뒤에는 즉시 사용한다.
- 약이 녹은 경우에는 냉장고에 넣었다가 사용한다.

⑤ 안약, 귀약

- 다른 사람과 돌려쓰지 않는다
- 점안 시 튜브 끝이 눈에 닿지 않도록 한다.
- 귀약의 경우 약을 면봉에 묻혀 사용한다.

(3) 올바른 의약품 사용법

영유아 약물사고를 예방하기 위해 미국 소비제품안전위원회(CPSC)가 제시한 올바른 의약품 사용법은 다음과 같다(임미혜 외, 2005).

① 영유아에게 의약품을 사용할 때는 별도로 '어린이용' 의약품이 있는지 확인한다.

② 어른 복용량을 짐작으로 용량을 줄여 영유아에게 사용하지 않는다.

③ 영유아 혼자서 약을 복용하게 내버려 두지 않는다.

④ 사용설명서는 의약품을 사용할 때마다 주의 깊게 읽고 이해하며 반드시 지시사항을 준수한다.

⑤ 의사 또는 약사와 상의 없이 1주일 이상 자가 치료하지 않는다. 증상이 1주일 이상 계속되면 반드시 의사의 진료를 받는다.

⑥ 계량스푼, 계량컵은 약품에 동봉된 것을 사용하고, 주의 깊게 눈금을 확인하여 정확히 복용시킨다.

⑦ 영유아가 이미 복용하고 있는 약이 있다면 의사나 약사와 상의 없이 다른 의약품을 함께 주지 않는다.

⑧ 수두, 독감에 걸렸거나 회복 중인 영유아에게 아스피린을 먹이는 경우 드물게 레이증후군이라는 치명적인 부작용을 일으킬 수 있으므로 함부로 아스피린을 주지 않는다.

⑨ 의약품은 원래의 용기나 포장에 사용설명서와 함께 보관하고, 잘못 섞이지 않게 주의한다.

⑩ 영유아 중독사고 방지를 위해 모든 약은 별도의 함에 넣어 영유아의 손에 닿지 않는 곳에 보관한다.

⑪ 되도록이면 영유아 보호 용기 · 포장이 되어 있는 의약품을 선택하고, 영유아 보호 용기 · 포장이라고 해서 못 여는 것이 아니라 개봉에 시간이 좀 걸릴 뿐이라는 점을 명심한다.

(4) 약물사고 대처법

영유아들은 페인트, 휘발유, 술, 농약, 약물, 양잿물, 식초, 샴푸, 세탁제, 화장품 등 보이는 대로 입으로 가져간다. 이러한 위험물질들이 영유아의 손에 닿지 않도록 하는 것이 가장 중요하다.

보통 약물이나 독물 등은 대체로 4가지 방법으로 체내에 들어간다. 즉, 내복(입을 통해서 마시거나 먹는 것), 흡입(가스 등 코를 통해서), 흡수(농약 살포 등 피부를 통해서, 찔려서(액체의 주사 등 신체 조직, 혹은 혈액 속에서)) 등이다. 약물 · 독물 중독 및 과용 시 대처법은 다음과 같다(http://www.medcity.com, 경기도보육정보센터, 2007).

① 내복했을 때

곧바로 토하게 한다. 이때 손가락으로 목구멍을 자극하면 토하기 쉽다. 토하게 할 때는 될 수 있는 대로 머리를 낮추어 토한 것을 폐로 들이마시지 않도록 주의해야 한다. 또 물로 약물을 희석시켜서 토하게 하는 것도 효과가 있다. 병원에 갈 때는 토한 것과 약제의 용기 등을 가지고 가는 것이 좋다. 그러나 다음의 경우에는 토하지 않도록 한다.

- 강산, 또는 강력한 알칼리를 마셨을 때(토하게 하면 목이나 식도에 더욱 장애를 준다)
- 의식이 없을 때(토한 것을 잘못 폐로 들이마실 수가 있다)
- 경련을 일으키고 있을 때
- 석유제제를 마셨을 때(폐로 들이마시면 위독한 폐렴을 일으킬 수가 있다)

② 흡입했을 때

독성이 있는 환경에서 신선한 공기 속으로 옮긴다. 호흡을 하고 있으면 신선한 공기를 마시게 하고, 호흡이 멈춰 있으면 숨통을 확보해서 인공호흡을 실시한다.

③ 흡수했을 때

의류, 시계, 신발 등 몸에 걸치고 있는 것을 벗겨준다. 적어도 15분 정도 독물로 오염된 부분을 물로 잘 씻을 필요가 있다. 눈에 독물이 들어갔을 때는 물로 잘 씻어 내준다.

④ 찔려서 들어갔을 때

찔린 부위보다 위를 묶어 정맥의 흐름을 제지하고 호흡, 순환상태를 관찰하면서 병원으로 데리고 간다. 어떤 경우든 호흡 순환 상태에 유의하면서 빨리 병원으로 데려가야만 한다.

3 약물 오·남용 안전교육활동의 실제

약의 이용

활동목표

약은 의사의 처방에 따라 먹어야 함을 안다.

활동자료

약물에 의한 피해 사진이나 홍보물, 그림자료 3장

활동방법

1. 약국이나 병원에 가본 경험을 이야기 나눈다.
2. 약을 복용해야 하는 때를 알아본다
   - 언제, 어떻게 약을 먹어야 하니?
3. 그림을 보고 이야기를 꾸며 본다.

4. 약을 어른의 지시 없이 먹었을 때 일어날 수 있는 일들을 알아본다.

확장활동

약국을 방문하여 약사로부터 약의 올바른 복용방법을 알아본다.

배가 아파요

활동목표

- 약물에 대한 그 사용과 목적을 잘 알고 사용하는 태도를 기르게 된다.
- 약을 함부로 복용하면 위험함을 알게 된다.

활동자료

다양한 필기구와 종이, 그림자료

활동방법

1. 너희들은 아프면 어떻게 하니?
2. 집에 아무도 없을 때 동생이 아프다고 약 달라고 하면 어떻게 해야 하니?
3. 함부로 약을 먹으면 어떻게 될까?
4. 이번에는 초등학생 형이 TV 위에 있는 할아버지 약이 맛있을 것 같아서 먹었대, 어떻게 되었을까?
5. 너희들이 여기 친구들에게 해주고 싶은 말을 그림이나 글로 적어보자.
6. 동화이야기를 만들어 오면 모두 읽어 주고 책으로 묶어 언어영역에 놓아 준다.

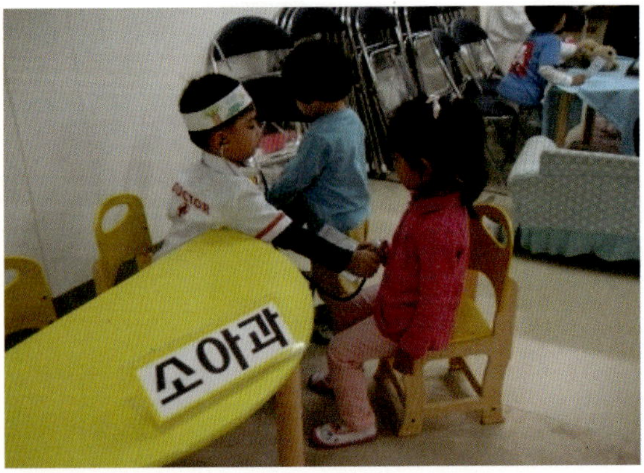

확장활동

약을 잘못 먹어 응급실로 실려 온 환자를 치료하는 병원놀이를 할 수 있다.

정해진 만큼만 먹어요

활동목표

- 약은 의사나 약사의 소견에 따라서만 사용해야 함을 이해한다.
- 약을 사용할 때 설명서를 잘 읽고, 정해진 양 만큼만 먹어야 한다는 것을 안다.

활동자료

그림자료(정량의 약과 부족한 양의 약, 과량의 약)

활동방법

1. 약을 복용해 본 경험을 이야기해 본다.
   - 친구들은 약을 언제 먹어봤니?
   - 왜 먹었었니?
   - 약을 먹고 나니 어땠었니?
2. 약의 올바른 복용법에 대해 알아본다.
   - 약을 먹기 전에 무엇을 해야 하나?
   - 약은 얼마만큼 먹어야 할까?
   - (그림자료를 보여 주며) 의사나 약사가 먹으라고 하는 것보다 너무 써서 적게 먹으면 어떻게 될까?
   - 그럼, 달콤하고 맛있다고 많이 먹으면 어떻게 될까?
3. 약 복용 시 주의사항에 대해 이야기 나눈다.
   - 약을 먹을 때 어떤 것들을 주의해야 할까?
   - 사용설명서나 처방전을 보지 않고 약을 먹으면 어떻게 될까?

확장활동

약을 먹기 싫을 때는 어떻게 할지 토의해 본다.

선생님이나 부모님이 주는 약만 먹어요

활동목표

- 선생님이나 부모님이 주신 약만 먹어야 한다는 것을 안다.
- 약은 정해진 규칙에 따라서 먹어야 함을 알고 실천할 수 있다.

활동자료

그림자료(엄마 몰래 약을 먹는 여아), 약 봉투, 약병, 위험한 약물(파리약, 살충제, 좀약 등)

활동방법

1. (그림자료를 보며) 약을 함부로 먹는 경우에 대해 알아본다.
   - 이 친구는 지금 무엇을 하고 있니?
   - 어떻게 될까?
   - 너희들이 친구나 엄마 약을 함부로 먹으면 어떻게 될까?
2. 약을 먹을 때 주의사항을 알아본다.
   - 약 먹기 전에 어떻게 해야 할까?
   - 약 봉투에는 어떤 내용이 적혀 있는지 다함께 읽어 보자.
   - 약 봉투에 적힌 복용방법대로 먹지 않으면 어떻게 될까?
3. 위험한 약품에 대해 알아본다.
   - (살충제, 좀약을 보여 주며) 이것은 무엇일까?
   - 약은 병을 낫게 하기 위해 먹지만 어떤 약은 사람을 해칠 수도 있단다.
   - 위험한 약품은 어떻게 해야 할까?
   - 위험한 약을 먹거나 만지지 않도록 약속을 정한다.

확장활동

잡지나 신문에서 다양한 유독성 약품을 찾아내어 우리 몸에 이로운 약과 해로운 약을 분류해 본다.

Chapter 13

신변안전

1. 신변안전교육의 필요성
2. 신변안전교육의 목표 및 내용
3. 신변안전교육활동의 실제

학습 목표

1. 신변안전사고의 유형을 교육할 수 있다.
2. 신변안전에 대한 교육을 할 수 있다.

최근 증가하고 있는 성폭력, 유괴, 미아 등의 안전사고는 영유아의 신변에 위협을 주는 사건들로, 영유아의 일생에서 회복 불가능한 치명적인 정신적 · 육체적 후유증을 남길 수 있다. 그러므로 영유아들의 신변안전을 위협하는 성폭력, 유괴, 미아 등과 같은 사건은 무엇보다도 사전에 예방하는 것이 중요하며, 이를 위해서는 가정과 유아교육기관에서 지속적이고 체계적인 교육이 이루어져야만 한다.

이 장에서는 영유아의 신변안전을 도모하기 위한 교육의 필요성, 내용 및 활동의 실제에 관하여 살펴보고자 한다.

1 신변안전교육의 필요성

신변안전이란 영유아의 생활 주변에서 발생할 수 있는 실종, 유괴, 성폭력 등을 의미한다. 특히, 영유아의 신변안전을 위협하는 사건으로는 성폭력이 있는데, 이에 대한 예방과 대처는 사회 전체의 문제이다. 따라서 성폭력예방교육은 어린 시절 양육과정에서부터, 가정과 학교 모두에서 이루어져야 한다.

한편, 부모의 실수로 인한 미아발생과 유괴범에 의해 유아를 잃어버리는 사고가 발생한다. 미아발생을 줄이기 위해서는 부모와 교사가 영유아들을 안전하게 보호하고 유사 시 행동방법을 아이들에게 미리 가르치는 것이 중요하다.

영유아의 신변안전을 위협하는 성폭행, 유괴 및 미아 발생 사고를 예방하기 위해서는 영유아를 대상으로 자신의 신변의 안전을 위협하는 사건들을 인식하고 이에 적절하게 대처할 수 있는 지속적이고 신변 안전교육이 필수적이다. 영유아기부터 신변안전에 대한 측면과 도덕적 교육을 통해 영유아가 자신을 보호하고 타인의 몸을 소중히 여길 수 있어야 성인이 되어서도 피해자, 가해자가 되지 않을 수 있다. 이를 위해서는 신변안전에 대한 교육이 꼭 필요하다고 하겠다.

2 신변안전교육의 목표 및 내용

1) 교육목표

부모나 교사의 부주의로 인해 일어나는 미아 사고나 실종, 나쁜 성인들에 의해 계획적으로 일어나는 유괴나 성폭력은 영유아의 안전을 위협하는 사고의 하나로 빈번하게 발생하고 있다. 신변안전교육의 목표는 영유아의 신변안전을 위협하는 사고 예방을 위해 성인들이 보다 세심한 주의를 기울이는 한편, 내 몸의 소중함, 좋은 느낌과 싫은 느낌, 성폭력의 예방법과 대처법, 길을 잃었을 때의 대처방법, 위험한 상황 대처법을 알려주어 영유아 스스로 자신의 신변안전을 지킬 수 있도록 하는 데 있다.

2) 교육 내용

(1) 신변안전을 위한 예방교육 내용

① 성폭력 예방

- 속옷으로 가린 신체의 부분을 다른 사람이 함부로 보거나 만지는 것, 보여 주거나 만지게 하는 것이 성폭력임을 알게 한다.
- 좋은 접촉과 나쁜 접촉을 구별할 수 있게 가르친다. 어른들에게도 거절의 의사를 표현할 수 있도록 지도한다. 가족이나 친지 또는 아는 사람이라도 이상한 행동을 요구할 때는 단호하게 거절하도록 한다. 성폭력 상황이 일어났을 때 "안돼요, 싫어요"라고 분명하게 말하고 그 자리를 피하게 한다.
- 남자는 힘의 상징이고 여자는 힘에 순종한다는 왜곡된 성역할을 제시하지 않는다.
- 성폭력에 대해 직접적으로 이야기하기보다는 비디오나 동화, 인형극을 통해 이야기를 시작한다.

- 평소에 영유아의 행동을 잘 관찰하고 자녀와 대화를 많이 하며, 성폭력과 같은 일을 겪었을 때는 부모나 교사에게 이야기하여 도움을 받을 수 있게 한다.

② 유괴 예방

- 낯선 사람이 아는 사람임을 가장하여 접근할 수 있으므로 이름이 새겨진 옷을 입거나 가방을 휴대하지 않도록 한다.
- 낯선 사람을 따라가거나 낯선 사람의 차를 절대로 타지 않도록 지도한다.
- 영유아에게 나쁜 사람들도 옷을 잘 차려입고 친절하게 접근할 수 있음을 설명해준다. 이런 사람들이 남자일 수도 있으나 여자일 수도 있으며, 전혀 모르는 사람일 수도 있지만 아는 사람일 수도 있음을 알려준다. 부모나 교사의 허락 없이 다른 사람을 따라가지 않도록 지도한다.
- 영유아에게 자신의 이름과 집 주소, 집 전화번호와 지역번호를 분명하게 외우게 한다. 가능하다면 부모의 이름과 직장, 휴대전화번호도 외우게 한다.
- 낯선 사람에게 강제로 납치되었을 때 도움을 청하는 방법을 가르쳐준다.
- 영유아에게 공중전화를 걸 수 있는 방법과 비상시에 신고나 도움을 요청하기 위한 전화번호 119를 알고 있는지 확인한다.
- 부모나 교사는 만약의 경우에 대비하여 6개월 이내에 찍은 영유아의 사진을 가지고 있고, 구체적인 신상명세서(나이, 키, 몸무게, 혈액형, 점, 상처 등)를 기록해 둔다.
- 견학이나 소풍 등으로 사람이 많이 모이는 곳에 나갈 경우 이름표를 달아주고 만약의 경우에 대비해 비상시 서로 만날 장소를 미리 정해 둔다. 다른 영유아들과 떨어져 혼자 다니지 않도록 또래끼리 짝을 정해주고 함께 다니도록 한다.

③ 미아 예방

- 외출할 때는 항상 영유아의 손을 잡고 다닌다.
- 보호자의 연락처를 미리 알려준다.
- 영유아에게 길을 잃었을 때의 대처방법을 미리 가르친다.
  - 길을 잃었을 때 그 자리에서 보호자가 찾으러 올 때까지 기다린다.

– 미아보호소에 가서 도움을 청하도록 한다.

– 믿을만한 어른(상점 점원, 공공장소의 안내원, 경찰 등)을 찾아 도움을 요청한다.

(2) 일상생활 상황별 신변 예방교육

① 길을 묻거나, 모르는 낯선 어른이 도와달라고 하면서 유인하는 경우

아동 성폭력 범죄자는 영유아들의 순수한 마음을 범죄에 이용하고 있는데, 도움을 요청했을 때 그 자리에서 도와줄 수 있는 쉬운 일인 경우 도와주지만 차에 타서 어디가자는 등의 요구가 있을 경우에는 단호히 거절하고 자리를 피할 수 있도록 교육해야 한다. 영유아에게 어른은 웬만해서는 영유아에게 도움을 요청하지 않으며 굳이 도와주지 않아도 괜찮다고 알려주거나 도와달라는 부탁을 받으면 거절하고 지나가는 다른 어른에게 도움을 요청해야 한다고 알려준다.

② 차에 태워준다고 하면서 접근하는 경우

영유아가 길을 가고 있을 때 같은 방향이니 태워주겠다고 하거나 엄마, 아빠가 함께 오라고 했다며 차에 타라고 말하는 경우 영유아에게 엄마, 아빠는 절대 다른 사람에게 데려오라고 하지 않는다는 사실을 알려준다.

③ 공공장소 등에서 신체접촉을 하는 경우

공공장소 등에서 자신의 신체를 만지려고 하는 나쁜 느낌이 든다면 큰소리로 "하지마세요", "만지지마세요", "비켜주세요"라고 의사표현을 분명하고 정확하게 하는 연습을 시킨다.

3 신변안전교육활동의 실제

안전 전화번호책 만들기

활동목표

- 길을 잃었을 때 적절하게 대처하는 방법을 안다.
- 길을 잃었을 때 도움을 요청할 수 있는 곳과 전화번호를 안다.

활동자료

'멈추기! 생각하기! 행동하기!' 동화책, 전화번호책, 전화기 모양의 전화번호책, 필기도구(색연필, 볼펜), 그림자료(우리 집, 엄마, 아빠, 유치원, 경찰서), 풀, 가위

활동방법

1. 길을 잃어버렸던 경험에 대해서 이야기 나눈다.
   –사람들이 많은 곳에서 엄마, 아빠를 놓쳐서 길을 잃어버린 경험이 있니?
2. '멈추기! 생각하기! 행동하기!' 동화책을 들려준다.
3. 길을 잃었다면 어떻게 해야 하는지 이야기 나눈다.
   –길을 잃었을 때 도움을 청할 수 있는 곳이 어디가 있는지 말해볼 친구 있니?
   –어떻게 도움 요청을 해야 하지?
4. '전화번호책'에 대해서 이야기 나눈다.
   –전화번호책을 만들면 좋은 점들이 무엇이 있을까?

〈안전 전화번호책 만들기 활동〉

1. 자신이 만든 전화번호책 발표한 후, 오늘 활동 순서를 회상한다.
   –동화책에서 중요한 구호 3가지가 있었는데, 모두 기억하니?
2. 안전 전화번호책 만들기 활동 후 느낀 점을 이야기하고 도움 요청하는 역할극으로 전이 활동을 한다.

활동 시 유의점

1. 실제 상황에서 당황하지 않고 적용할 수 있도록 연습한다.
2. 모든 위험상황은 부모님께 알리도록 하는 것에 중점을 준다.

활동평가

1. 길을 잃어버린 상황에 할 수 있는 실제방법을 평가한다.
2. 어떠한 일이든 부모에게 알려야 함을 알고 있는지 평가한다.

확장활동

1. 동화책 내용을 극놀이로 확장해 본다.
2. 가정과 연계하여 부모교육자료를 통해 안전의식을 고취시킨다.

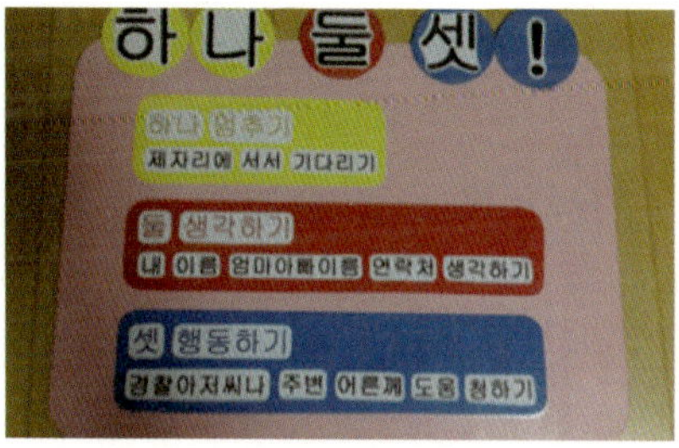

좋은 느낌과 나쁜 느낌이 있어요

활동목표

- 내 몸에 닿는 느낌을 구별한다.
- 낯선 사람이 내 몸을 만지면 안 된다는 것을 안다.

활동자료

'나는 중요해요' 동화자료

활동방법

1. '나는 중요해요' 동화를 들려준다.
   - 우리 몸에는 어떤 것들이 있니?
   - 나의 몸에 소중한 부분이 있는데 아무나 만지면 안 되는 곳이 어딜까?
2. 좋은 느낌과 나쁜 느낌에 대해 이야기 나눈다.
   - 엄마, 아빠가 안아주거나 뽀뽀를 하면 기분이 어떠니?
   - 모르는 사람이 싫은데 몸을 만지거나 안아주면 기분이 어떨까?
3. 그림을 보면서 나의 몸의 소중한 부분을 알아본다.
   - 나의 몸에 소중한 부분이 어디였을까?
   - 막대 손으로 찾아보자.
4. 내 몸의 소중한 부분을 만지면 어떻게 해야 할지 이야기한다.
   - 누가 내 몸을 만지면 어떻게 말할까?
5. 영유아들과 "안돼요, 싫어요, 하지마세요"라고 말해본다.
   - 어떤 소리로 말해야 할까?, 그래 큰소리로 외쳐야 한단다.

확장활동

영유아들에게 내 몸에 관련된 그림책을 통해 자연스럽게 이해하도록 한다.

동화 : 나는 중요해요

나는 몸을 가지고 있어요.
몸은 나의 것이에요.
몸은 여러 부분으로 이루어져 있고, 나는 몸으로 많은 것을 할 수 있어요.

남자와 여자는 서로 다른 부분이 있어요.
우리는 서로의 다른 부분을 항상 가리고 있어요.
이 부분은 목욕할 때나 의사선생님께 진찰을 받을 때 이외에는 다른 사람에게 보여서는 안 되기 때문입니다. 그래서 우리는 이곳을 비밀스런 부분이라고 말하기도 해요.

때때로 사람들은 비밀스런 부분을 고추, 잠지 또는 씨찌와 같은 엉터리 이름으로 말하곤 합니다. 그러나 우리는 우리 몸의 각 부분의 정확한 이름을 알아야만 합니다.

내 몸은 오직 나의 것입니다.
내가 원한다면 팔로 인형을 안을 수도 있고 입술로 뽀뽀할 수도 있어요.

그러나 내가 원하지 않으면 큰 소리로 "안돼요, 싫어요."라고 말을 해야 합니다.
낯선 사람이 나의 몸을 만지려고 할 때도 "안돼요, 싫어요."라고 말하고, 그 자리를 피하여 안전한 곳으로 가야 합니다.

출처 : 서울특별시(2004). 안전한 보육환경 조성을 위한 안전교육 프로그램.

엄마를 찾아주세요

활동목표

사람이 많은 곳에서는 부모님의 손을 놓지 않아야 함을 안다.

활동자료

동화 '백화점에서'

활동방법

1. '백화점에서' 동화를 들려준다.
   - 엄마와 백화점에 가 본 적이 있니?
   - 동화 속 친구가 백화점에 가서 무슨 일이 있었는지 들어보자.
2. 동화를 회상하며, 엄마를 잃어버렸을 때의 대처방법을 알아본다.
   - 엄마를 잃어버리면 어떻게 해야 할까?
   - 나 혼자 엄마를 찾으려고 여기 저기 돌아다니면, 엄마가 너희들을 찾을 수 있을까?
   - 그럼 어떻게 해야 할까?
     - 멈추기 : 이리 저리 돌아다니지 않고 그 자리에 서서 기다리기
     - 생각하기 : 침착하게 부모님이름, 자기이름, 전화번호 생각하기
     - 행동하기 : 부모님이 오시지 않으면 경찰, 가까운 가게에 도움 청하기
3. 영유아들과 자기이름 말하기 게임을 한다.
   - 주위 사람들에게 도움을 청할 때 누구 이름을 말해야 할까?

확장활동

엄마, 아빠 이름 말하기 활동을 해본다.

낯선 사람 따라가면 안돼!

활동목표

- 낯선 사람을 따라가지 않아야 함을 안다.
- 위험 상황에서 내가 할 수 있는 일을 알고 행동할 수 있다.

활동자료

낯선 사람 따라가면 안 돼!(트릭시하버란더 지음, 조영수 옮김, 도서 출판 경독) 동화 자료, ppt 자료 3컷

활동방법

1. 낯선 사람 따라가면 안 돼!' 그림자료를 보며 이야기 나눈다.
   - 이 그림은 어떤 상황일까?
2. 낯선 사람에 대해 이야기 나눈다.
   - 낯선 사람이란 어떤 사람을 말하는 것일까?
   - 모르는 사람이나 처음 보는 사람이 말을 걸어온 석 있니?
   - 기분이 어땠니?
   - 이럴 때 너희들은 어떻게 말을 할 수 있을까?
3. 그림자료를 보면서 영유아들이 할 수 있는 말들을 큰소리로 함께 외쳐본다.
   - 너희들이 할 수 있는 말을 다 함께 큰소리로 말해볼까?
     (안돼요!, 싫어요!, 하지마세요!)
4. 실제상황이 되면 주변의 어른이 있을 경우 도움을 청하거나 따라가지 않을 것을 약속한다.

확장활동

1. '꼭꼭 약속해' 노래를 개사하여 지속적으로 활용한다.
2. 상황극이나 인형극을 통해 위험상황의 대처방법을 알아본다.

이럴 땐 이렇게 해요

활동목표

- 상황극을 통해 위험한 상황에서 도움을 청하는 방법을 알아본다.
- 위험한 상황에서 자신을 보호하는 방법을 알고 실천한다.

활동자료

그림자료(낯선 사람이나 잘 아는 사람이 차를 태워주려는 장면, 집에 혼자 있을 때 누군가 찾아온 장면, 낯선 사람이나 잘 아는 사람이 내 몸을 만지려는 장면)

활동방법

1. 영유아들과 그림자료(낯선 사람이 차를 태우려는 장면)를 보며, 영유아들의 경험을 이야기 한다.
   - 너희들도 이렇게 낯선 사람이 차를 태워주겠다고 한 적이 있니?
   - 이렇게 누가 나에게 차를 태워주겠다고 한다면 어떻게 할거니?
2. 직접 상황극을 통해 상황에 대처해 본다.
   - ○○는 아저씨가 차를 태워준다고 했을 때 무엇이라고 이야기했니?
   - 어떻게 행동했니?
3. 동일한 상황극으로 2~3번 해보며 유아들의 대처방법을 살펴본다.
4. 영유아들의 대처방법에 대해 논의해 본다.
   - 친구들이 어떻게 했는지 이야기해 보자.
   - 어떤 부분이 올바른 행동이었니?, 왜 그렇게 생각하니?
5. 그림과 같은 상황에서 영유아들이 대처할 수 있는 올바른 방법에 대해 이야기 나눈다.
   - '안돼요!, 싫어요!, 하지마세요!'라고 큰소리로 외치기
   - 주변의 다른 어른들에게 도움청하기
   - 그 상황에서 빨리 도망쳐 나오기
6. 얼굴을 아는 주변 이웃이라도 부모와 약속된 상황이 아니면 따라 가지 않음을 이야기 한다.
7. 다른 그림자료도 같은 방법으로 대처방법을 알아본다.

확장활동

여러 다양한 위험상황을 역할극으로 해보며 대처방법을 알아본다.

지켜야 할 비밀과 말해야 할 비밀

활동목표

- 지켜야 할 비밀과 어른께 알려야 할 이야기를 구분한다.
- 위험상황을 인식하고 대처한다.

활동자료

지켜야 할 비밀과 말해야 할 비밀상황 그림자료, 모양종이, 그리기 도구(색연필, 사인펜)

활동방법

1. 각각의 그림을 보여 주며 그림이 나타내는 이야기를 들려준다.
   - 지금부터 들려줄 이야기에 꼭 지켜야 할 비밀과 말해야 할 비밀이 있단다. 이야기를 들어보고 생각해 보자.

> • 내일은 할머니 생신이야. 할머니께서 즐거워하실 수 있게 생신 축하 준비를 하는데, 내일 할머니가 우리 집에 오실 때까지 할머니께는 비밀로 하자.
> 내일 우리 집에 오시면 아마 깜짝 놀라실거야.
> • 유치원(어린이집)에서 마당놀이시간에 화장실에서 선생님께서 철수의 옷을 갈아입히시는 걸 보았어. 아마 철수가 너무 재미있게 놀이하다가 그만 옷에다 실수를 한 것 같아. 선생님께서 다른 친구들에게는 비밀이라고 하셨어.
> • 어제 놀이터에서 나 혼자 놀고 있을 때 어떤 형이 와서 나를 놀이터 뒤로 데려갔어. 그리고 아무도 없을 때 나를 때리고 고추를 만지기도 했어. 그리고 엄마한테 말하면 내일 더 혼내준다고 했어. 절대로 말하지 말라고 비밀이라고 했어.
> • 엄마, 아빠가 안 계실 때 옆집 아저씨가 놀러오셨어. 아저씨는 우리 집에 자주 놀러 오시는 분이라서 문을 열어드렸는데, 나를 예쁘다고 안나주고 내 몸을 쓰다듬었어. 그런데 아저씨가 그렇게 할 때 나는 기분이 좋지 않아서 싫다고 했는데 그 아저씨가 그건 아저씨하고 나만 아는 비밀이니까 아무한테도 말하지 말라고 했어. 비밀은 꼭 지켜야 착한 아이라고 했어.

2. 그림자료를 모두 보여 주고 지켜야 할 비밀과 말해야 할 일이 무엇인지 이야기 나눈다.
   - 어떤 이야기가 지켜야 할 비밀일까?
   - 말해야 할 비밀은 무엇일까?
   - 왜 말을 해야 한다고 생각했니?

3. 누군가 비밀이라고 했지만 말해야 할 일이 있음을 이야기한다.

확장활동

1. 지켜야 할 비밀 이야기 그리기 활동을 해본다.
2. 좋은 비밀과 나쁜 비밀 알아보고 기분 표정판에 붙이기 조작활동을 해본다.

친구의 몸을 함부로 만지거나 보면 안돼요

활동목표

- 사람마다 생각이 다를 수 있다는 것을 이해한다.
- 다른 사람의 생각을 인정하고 수용하는 태도를 갖는다.

활동자료

OHP 동화 '왜 그러지?'(신지숙 · 차지숙 지음)

활동방법

1. 동화 '왜 그러지?'를 듣고 동화의 내용에 대해 이야기 나눈다.
   - 친구들은 민이가 어떻게 할 때 싫어했니?
   - 왜 싫었을까?
   - 너희들이 동화 속 친구들과 민이라면 어떻게 할 수 있겠니?
2. 친구가 아닌 어른들이 안아주거나 뽀뽀를 하면 기분이 어땠는지 이야기 나눈다.
   - 엄마, 아빠가 아닌 다른 어른들이 안아주거나 뽀뽀를 해준 적이 있니?
   - 엄마, 아빠가 안아줄 때와 어떻게 기분이 다르니?
   - 기분이 좋지 않고 싫을 때는 어떻게 해야 할까?
3. 친구나 어른들이 내 몸을 만져 기분이 좋지 않을 때의 대처방법을 이야기 나눈다.

확장활동

1. 교실의 조용한 영역에서 영유아가 교사에게 개별적으로 속상한 이야기나 비밀이야기를 할 수 있도록 분위기를 조성한다.
2. 가정통신문을 통해 일상생활 속에서 자연스레 이루어지는 어른들의 지나친 신체접촉의 애정표현을 자제할 것을 당부드린다.

소중한 나

활동목표

- 여러 가지 다양한 감정과 폭력에 대해 알아본다.
- 자신의 감정을 알고 스스로 조절하는 능력을 기른다.

활동자료

여러 가지 상황 그림자료, 얼굴표정 그림자료

활동방법

1. 영유아들과 자기 기분에 대해 이야기 나눈다.
   - 지금 너희들 기분이 어떠니?
2. 여러 가지 상황 그림을 보며 이야기 나눈다.
   - 그림에 어떤 일이 생긴 것 같니?
   - 너희들도 이런 적이 있었니?
   - 기분이 어땠니?, 그래서 어떻게 했니?
3. 폭력에 대해 이야기 나눈다.
   - 폭력이란 무엇일까?
   - 다른 사람의 몸이나 마음에 상처를 주는 행동을 폭력이라고 한단다.
4. 다른 사람에게 폭력적인 행동을 하고 싶을 때의 대처방법을 이야기 나눈다.
   - 그림에서처럼 나를 발로 차서 나도 때린다면 어떤 일이 생길 것 같니?
   - 어떻게 해결하는 것이 좋을까?

확장활동

1. 영유아들에게 일어날 수 있는 여러 다양한 상황자료를 제시하여 토의 활동을 해본다.
2. '꾹 참았네' 노래 부르기 활동을 통해 자신의 감정을 조절하도록 돕는다(한국어린이육영회 음률활동자료집).

아동안전지킴이

활동목표

- 아동안전지킴이의 의미를 안다.
- 단독 귀가 중 위험상황이 발생하면 대처할 수 있다.

활동자료

아동안전지킴이 스티커 그림자료, 아동안전지킴이집 사진자료

활동방법

1. 아동안전지킴이집을 본 경험이 있는지 이야기 나눈다.
   - 노란 곰돌이 인형이 서 있는 가게를 본 적 있니?
2. 아동안전지킴이에 대해 이야기 나눈다.
   - 아동 안전 지킴이란 무엇일까?
   - 혼자 길을 가다 낯선 사람이나 위험한 일이 생기면 어떻게 할까?
   - 아동안전지킴이집이란 곳으로 가서 도움을 청하면 된단다.
3. 아동안전지킴이집 견학을 가 본다.
   - 우리 어린이집 주변에서 안전지킴이집을 본 적 있니?
   - 어디에 있는지 찾아가 보자.
4. 아동안전지킴이집에서 하는 일을 직접 이야기 들어본다.
   - 아동안전지킴이집을 다녀와 보니 어떠니?

확장활동

영유아들이 사는 동네와 내가 다닐 학교 주변의 아동안전지킴이집이 어디 있는지 부모님과 함께 찾아본다.

Chapter 14

환경안전

1. 환경안전교육의 필요성
2. 환경안전교육의 목표 및 내용
3. 환경안전교육활동의 실제

학습 목표

1. 환경안전사고의 유형을 교육할 수 있다.
2. 환경안전에 대한 교육을 할 수 있다.

환경이란 우리의 주변에 직접적으로, 간접적으로 영향을 주는 총체적인 것이라 할 수 있으며 공기, 물, 토양, 산, 해양 등의 자연환경이 스스로의 자정능력, 즉 회복능력을 넘어 자연환경의 질서가 무너지는 것을 환경오염이라 한다.

이 장에서는 영유아의 환경안전을 도모하기 위한 교육의 필요성, 내용 및 활동의 실제에 관하여 살펴보고자 한다.

1 환경안전교육의 필요성

환경오염을 나누어보면 수질오염, 대기오염, 토양오염으로 나눌 수 있다. 첫째, 대부분의 수질오염은 유류 유출사고이지만 일상생활에서 나타나는 수질 오염원의 종류에는 생활하수, 산업 폐수, 농 · 축산 폐수가 있는데, 전국 생활하수가 58.3%로 수질 오염원 중 가장 많은 비율을 차지하고 있다. 둘째, 대기오염의 초미세먼지(PM-2.5)는 질산염 · 황산염 등의 이온성분과 금속화합물 등 유해물질로 구성되어 있고 크기가 매우 작아서 흡입 시 기도에서 걸러지지 못하고 대부분 폐포까지 침투하여 심장질환과 호흡기질환을 유발시킨다. 대기오염으로 인한 경제적인 손실은 전 세계적으로 엄청나다. 예를 들어, 현재 대기오염으로 인해 가장 큰 손실을 겪는 중국의 경우 겨울철 난방과 발전소, 그리고 자동차로 인해서 대기오염이 급격하게 악화되고 있으며 이로 인해 정상적인 실외 활동이 어렵고 수많은 환자가 고통을 호소하는 문제가 국가적인 이슈로 등장하고 있다. 셋째, 토양오염의 원인으로는 인구증가와 소비확대로 생기는 생활폐기물의 증기로 인한 것이다. 우리나라뿐 아니라 세계 각지에서 쓰레기가 늘어나고 있으며 산업화로 인한 산업폐기물도 토양오염의 주범이 되고 있다.

이러한 오염들로 인하여 사람이 살 수 있는 환경이 나빠지고 있다는 것을 인식하고 영유아로 하여금 환경을 지키기 위한 다양한 방법을 지식적으로 알아 실생활에서 지킬 수 있는 태도를 길러주어야 한다.

2 환경안전교육의 목표 및 내용

1) 교육목표

영유아는 생활 속에서 쉽게 접할 수 있는 자연물과 자연현상을 통해 자연의 본질을 이해하고 자연이 주는 이로움을 알 수 있다. 그러나 환경오염에 대한 부분은 우리가 인식하지 못하는 사이 일어나고 있다. 우리가 흔히 사용하는 샴푸나 일회용품 등은 수질 오염과 토양오염의 주범이 되고 있다는 사실을 알고 수질오염, 대기오염, 토양오염을 줄일 수 있는 방법을 실생활에서 유아가 찾아봄으로써 직접적으로 환경을 지킬 수 있는 기술 및 태도를 익히는 것이 필요하다.

2) 교육 내용

(1) 환경오염의 원인

수질오엄과 대기오염, 토양오염의 원인은 다음과 같다.

표 14-1 환경오염의 원인

구분	수질오염	대기오염	토양오염
인적 요인	강가, 해변 주변 오염물질 투기, 지나친 세제 사용	쓰레기의 소각, 음식물 쓰레기 배출, 연료소비, 난방	생활하수, 생활폐기물, 방사성 물질, 비료 과다 사용에 의한 염류집적
물리적 요인	유기공장 폐수, 화력 및 원자력 발전소, 유조선 충돌	운수교통의 활용(자동차 배기가스), 공장의 매연	금속을 얻기 위한 채광활동으로 광물질 배출
환경적 요인	배 사고의 기름 유출로 인한 바다 수질오염, 공장 폐수관리의 소홀	흡연, 각종 스프레이, 자동차 정기검사 강화 소홀	폐기물 또는 독성물질을 무분별하게 토양에 매립

(2) 환경안전 예방을 위한 주의사항

① 수질오염

수질오염을 예방하기 위한 방법으로는 다음과 같다.

- 물을 받아쓰고 세제는 꼭 필요한 양만큼 사용한다.
- 샴푸 대신 비누로 머리감는다.
- 음식물은 남기지 않고 먹는다.
- 공장의 폐수 정화장치를 설치한다.
- 가축 분뇨는 강으로 흘려보내지 말고, 발효시켜 식물의 거름으로 이용한다.
- 쓰고 남은 기름 찌꺼기는 휴지로 닦은 후 씻는다.
- 실험하고 난 강한 약품은 함부로 버리지 않는다.
- 야외에 나가서는 쓰레기를 물에 함부로 버리지 않는다.

② 대기오염

대기오염을 예방하기 위한 방법으로는 다음과 같다.

- 나무를 많이 심는다.
- 에너지원으로 태양에너지, 수력발전, 천연가스 등을 이용한다.
- 자동차 급가속을 하거나 급출발하는 것 또는 자동차 공회전을 줄인다.
- 스프레이나 탈취제, 주방세제 등에 포함된 VOC(휘발성 유기화합물질)가 적게 함유된 제품을 사용하고 친환경 제품을 사용한다.
- 대중교통을 이용하거나, 친환경 자동차(전기차, 하이브리드차)를 탄다.

③ 토양오염

토양오염을 예방하기 위한 방법으로는 다음과 같다.

- 농약의 과다사용을 피한다.
- 가정하수와 산업폐수를 함부로 토양에 버리지 않는다.
- 쓰레기 발생량을 줄이고 자원의 재활용을 위해 분리수거를 해야 한다.
- 산성비료의 사용을 줄이고 중성비료로 바꾸며 화학비료보다 퇴비 등 유기질 비료의 사용을 권장한다.

3 환경안전교육활동의 실제

나무는 좋다

활동목표

- 나무가 주는 이로움에 대해 안다.
- 나무가 우리에게 주는 이로움에 대해 감사한 마음을 갖는다.
- 바른 자세로 동화를 감상하는 태도를 기른다.

활동자료

'나무가 좋다' 융판 동화, 나무가 주는 이로움 스티커판

활동방법

1. 수수께끼를 통하여 유아의 흥미를 유발한다.
   - 여름에 내 밑에 있으면 시원한 그늘이 되기도 해요.
   - 나는 두 글자예요.
   - 나는 무엇일까요?
   - 수수께끼의 정답은 '나무'예요.
2. 나무에 대하여 이야기 나눈다.
   - 나무를 어디에서 보았니?
   - 나무가 우리에게 줄 수 있는 것은 무엇이 있을까?
3. '나무는 좋다' 동화 표지의 그림을 보며 동화의 내용을 예측해본다.
4. '나무는 좋다' 동화를 감상한다.
   - 동화를 들을 때 어떤 점을 주의하면 좋을까?
   - 바르게 앉아서 동화를 감상해 보자.
5. 동화의 제목을 유추해 본다.
   - 동화 속에서 무엇이 나왔니?
   - 왜 나무가 계속 나왔을까?

6. 동화의 줄거리를 회상해보며 이야기 나눈다.
   - 나무가 모여서 어떤 것이 되니?
   - 나무로 할 수 있는 놀이가 무엇이 있니?
   - 동화 속에서 어떤 장면이 가장 기억에 남았니?
7. 오늘 들어보았던 '나무는 좋다' 동화 활동에 대해 회상을 하며 평가한다.
   - 동화를 들으며 어떤 마음이 들었니?

활동 시 유의점

사전 활동으로 산책활동이나 현장학습을 통하여 나무의 유익함에 관심을 가지는 시기에 활동을 하면 더욱 좋을 것이다.

활동평가

1. 나무가 주는 이로움에 대해 아는지 평가한다.
2. 나무가 우리에게 주는 이로움에 대해 감사한 마음을 갖는지 평가한다.
3. 바른 자세로 동화를 감상하는지 평가한다.

확장활동

미술영역에서 나무를 위한 캠페인 그림활동을 그려서 게시할 수 있다.

나무를 심어요

활동목표

- 나무가 깨끗한 공기를 만드는 데 도움을 준다는 것을 안다.
- 깨끗한 공기를 보호하는 방법을 알고 실천하는 태도를 기른다.
- 게임의 규칙을 알고 즐겁게 참여한다.

활동자료

나무 사진, 매연이 나오는 자동차 사진, 나무가 없는 산 사진, 나무를 심을 수 있는 상자(2개), 부직포 나무(30개), 숫자 뽑기 상자(2개), 팀을 나누는 뽑기, 점수판, 호루라기

활동방법

1. 나무에 대하여 이야기 나눈다.
   - 우리 주위에는 나무가 정말 많이 있는데, 어디에서 볼 수 있니?
   - 나무가 많으면 어떤 점이 좋을까?
2. 나무가 공기를 깨끗하게 만들어 주는 것에 대해 이야기 나눈다.
   - (매연이 나오는 자동차 사진) 이 사진은 어떤 사진인 것 같니?
   - 자동차에서 검은 매연이 나오는 것을 본 적이 있니?
   - 자동차에서 검은 매연이 많이 나오면 공기는 어떻게 될까?
   - 이런 나쁜 공기를 깨끗한 공기로 만들 방법이 없을까?
   - (나무가 없는 산 사진) 선생님이 사진 하나를 보여줄게. 이 사진은 어떤 사진이니?
3. 활동을 소개한다.
   - 우리 오늘 이렇게 나무가 없는 산과 매연이 나오는 나쁜 공기가 있는 곳에 나무를 심어 주는 게임을 해볼 거야.
4. 게임자료를 알아본다.
   - 게임에 필요한 것들이 무엇이 있는지 보자.
     (나무를 심을 판을 보여 준다) 이것은 무엇인 거 같니?
     (나무를 보여 준다) 그리고 이건 무엇인 거 같니?
     (뽑기 상자를 보여 준다) 이건 어떤 상자일까?

5. 게임방법을 알아본다.
   - 두 팀으로 나누고 각 팀에서 한 명씩 나와 출발선에 선다.
   - 출발 신호가 울리면 각자 숫자 뽑기 상자에서 숫자 공을 뽑고 융판에 붙이고 나온 숫자의 개수만큼 나무를 심고 돌아온다.
   - 마지막 영유아까지 릴레이로 게임을 이어나가 모두 나무를 심고 돌아오면 나무를 심은 개수를 세어 많이 심은 팀에게 점수를 준다.
6. 선생님이 시범을 보여 줄게 그 전에 우리 팀을 나누고 게임 대형으로 앉아보자. 선생님을 도와 게임 자료를 뒤에 놓아 줄 친구가 있니?

활동 시 유의점

나무의 크기를 영유아들이 들기에 알맞은 크기로 제작하고 안전하게 이동할 수 있도록 지도한다.

활동평가

1. 깨끗한 공기를 만드는 데 도움을 주는 것이 무엇인지 안다.
2. 규칙과 약속을 지켜 활동에 즐겁게 참여하는지 평가한다.

확장활동

1. 게임자료를 이용해 쌓기영역에서 푸른 숲 만들기 놀이를 한다.
2. 실제로 화분에 나무나 공기를 정화해 주는 식물을 심어본다.

1 2 3 4 1 2 3 4
1 2 3 4 1 2 3 4

손 소독제 만들기

활동목표

- 봄철 알레르기에 대해 안다.
- 봄철 알레르기에 대한 예방법을 알고 실천할 수 있다.

활동자료

꽃가루 알레르기 관련 사진자료, 에탄올, 물, 아로마오일, 만들기 활동순서판

활동방법

1. '싹트네' 손유희를 활용하여 유아들의 주의를 집중시킨다.
2. 봄과 관련된 이야기를 나눈다.
   - 친구들, 이제 겨울이 가고 어떤 계절이 찾아왔지요?
   - 봄이 되어 꽃이 많이 피었는데, 혹시 꽃가루 알레르기에 대해 알고 있나요?
3. 꽃가루 알레르기의 원인과 증상, 예방법에 대해 소개해준다.
   - 꽃가루 알레르기가 왜 생기는지 알고 있나요?
   - 꽃가루 알레르기가 생기게 되면 우리의 몸에는 어떤 변화가 일어날까요?
   - 그러면 꽃가루 알레르기가 생기지 않게 하기 위해서는 우리가 어떻게 해야 할까요?
4. 오늘 할 활동에 대해 이야기를 나누고 활동방법에 대해 소개해준다.
   - 우리가 밖에 나갔다 와서 손을 씻을 때 무엇으로 손에 거품을 내죠?
   - 비누 말고도 손을 깨끗이 씻을 수 있도록 도와주는 물건이 있는데, 어떤 물건일까요?
   - 세균을 없애는 손 소독제를 어떻게 만드는지 알려주었는데, 혹시 이해를 하지 못한 친구 있나요?
   - 손 소독제를 만들기 전에, 우리가 지켜야 할 점은 무엇이 있을까요?
5. 활동을 마무리하고 회상과 평가하는 시간을 가진다.
   - 오늘 어떤 것에 대해 배웠는지 한 번 말해볼까요?
   - 꽃가루 알레르기의 증상과 원인, 예방법에 대해 알아보고 손 소독제를 직접 만들어 보는 활동을 해보니 어땠나요?

활동 시 유의점

1. 손 소독제를 만들기 전, 유아들에게 소독용 에탄올에 대해 충분히 설명한다.
2. 손 소독제 만드는 활동을 할 때 사고가 나지 않도록 안전에 유의한다.

활동평가

1. 꽃가루 알레르기의 증상과 원인에 대해 알고 이해했는지 평가한다.
2. 꽃가루 알레르기를 예방하기 위해서 손 소독제가 필요한 것을 알고 이해했는지 평가한다.

확장활동

1. 꽃가루 알레르기와 관련된 '봄날은 괴로워!' 동화를 들려준다.
2. 꽃가루가 되어 신체로 표현해보는 활동을 한다.

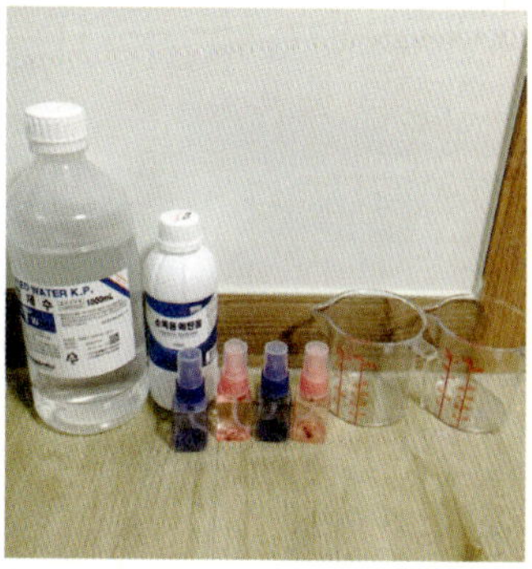
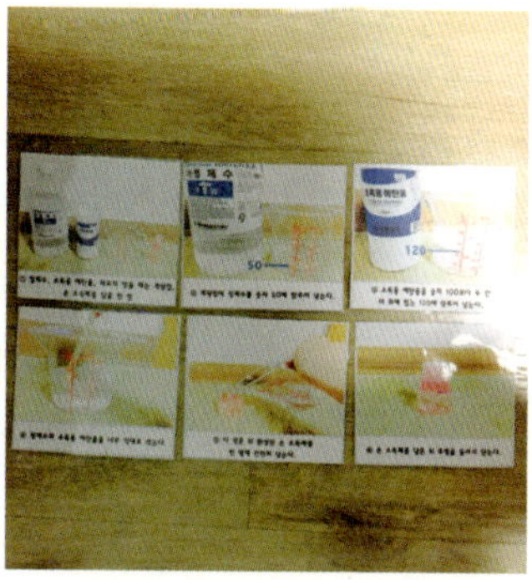

재활용품으로 악기 만들기

활동목표

- 재활용품을 이용하여 악기를 구성한다.
- 다양한 재활용품 악기의 소리를 탐색한다.

활동자료

다양한 재활용품, 풀, 오공본드, 고무줄, 두꺼운 도화지, 방울, 곡물, 나무젓가락, 솜, 휴지, 기타 미술영역에 구비되어 있는 재료를 모두 사용, 다양한 악기 사진, 재활용품으로 만든 악기 사진

활동방법

1. 다양한 악기 사진을 보고 이야기 나눈다.
   - 어떤 것들이 있나요?
   - 어떻게 연주하는 악기일까요?
2. 재활용품으로 만든 악기 사진을 보고 이야기 나눈다.
   - 어떤 재활용품으로 만든 것일까요?
   - 어떤 악기일까요?
   - 어떤 소리가 날까요?
3. 어떤 악기를 만들 것인지 생각해 본다.
   - 어떤 재활용품으로 악기를 만들어 볼 수 있을까?
4. 자신이 원하는 악기를 만들어 본다.
   - 다양한 재료로 자신만의 악기를 만들어 본다.
5. 자신이 만든 악기의 이름을 소개한다.

활동 시 유의점

악기라고 한정하기보다는 유아가 원하는 것을 자유롭게 만들도록 한다.

확장활동

자신이 만든 악기로 친구들과 재활용품 난타활동으로 연계할 수 있다.

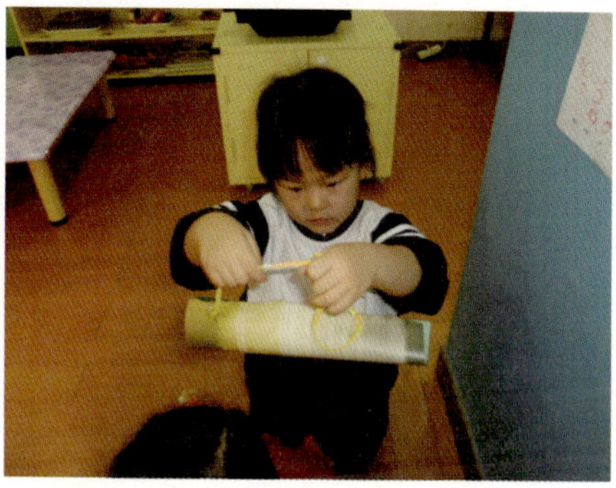

물을 아껴요

활동목표

- 물을 아껴 쓰는 상황과 낭비하는 상황을 문장으로 말해본다.
- 물을 아껴 쓰는 규칙을 지킨다.

활동자료

그림카드 10장(물을 아껴 쓰는 그림카드 5장/물을 낭비하는 그림카드 5장), 테이프심 2쌍

〈제작방법〉

준비물 : 하드보드지, 물을 아껴 쓰는 그림 5장, 물을 함부로 쓰는 그림 5장, 원기둥(테이프심의 지름보다 작은 크기 2개), 테이프 심(2.5cm 넓이 10개)

〈원기둥〉

1. 원기둥을 15cm의 높이로 자른다.
2. 원기둥에 물을 아껴 쓰는 그림을 붙여준다.
3. 테이프심이 들어갈 수 있는 종이심이나 깡통을 이용할 수 있다.

〈테이프심〉

원기둥과 같은 그림을 5등분하여 5개의 테이프 심에 붙여준다.

〈그림카드〉

1. 하드보드지 10장(8×8cm)을 자른다.
2. 물을 아껴 쓰는 그림, 함부로 쓰는 그림을 다른 색의 색상지에 붙인다.
3. 색상지에 하드보드지를 붙이고 투명시트지로 싸서 마무리한다.

활동방법

1. 그림카드를 제시하고 어떤 내용인지 이야기 나눈다. 물을 아껴쓰려면 어떻게 해야 할까요?
2. 게임방법에 대하여 이야기 나눈다.

〈게임방법〉

1. 원기둥 그림과 테이프심(5개)을 각 한 쌍씩 나누어 갖는다.
2. 순서를 정한다.
3. 그림카드를 골고루 섞어 뒤집어 놓는다.
4. 그림카드를 한 장씩 뒤집어서 그림을 보고 어떤 상황인지 이야기한다.
5. 물을 아껴 쓰는 그림이 나오면 유아가 가지고 있는 원기둥 그림에 테이프심의 조각 그림을 끼워 맞춘다.
6. 원기둥에 테이프 심 5개를 다 끼우면 게임이 끝난다.

활동 시 유의점

원기둥으로 하기 어려울 경우에는 카드를 채울 수 있는 판이나 보관함을 만들어서 활용할 수 있다.

확장활동

1. 물을 아끼는 그림과 낭비하는 그림카드는 영유아들이 그리거나 글을 써서 확장할 수 있다.
2. 활동주간이 끝난 후 물을 아끼는 그림을 교실과 어린이집의 적절한 장소에 붙여줄 수 있다.

일회용품을 사용하지 않아요

활동목표

- 재사용이 가능한 물건을 사용해야 함을 안다.
- 일회용품의 사용을 줄여서 환경을 보호한다.

활동자료

일회용품과 재활용이 가능한 사진 각각 12개씩

활동방법

1. 일회용품은 어떤 것들이 있는지 이야기 나눈다.
   - 일회용품은 어떤 것들이 있나요?
   - 사용해본 일회용품은 무엇인가요?
2. 일회용품을 대체할 수 있는 재사용품은 무엇이 있는지 이야기한다.
   - 사용했던 일회용품을 어떤 것으로 바꾸어 사용하면 좋을까요?
3. 일회용품을 계속 쓰게 되면 어떻게 될지 이야기 나눈다.
   - 일회용품을 계속 사용하면 어떻게 될까요?
   - 일회용품을 줄일 수 있는 방법은 무엇일까요?
4. 활동방법에 대해 이야기하고 활동을 시작한다.
   - 카드를 모두 펼쳐 놓는다.
   - 일회용품과 짝이 되는, 재활용 가능한 물건의 그림끼리 맞붙여서 연결시킨다.
   - 유아가 연결한 카드 그림의 물건 이름을 이야기해 본다.

활동 시 유의점

1. 그림카드는 유아들이 찾아온 사진이나 그림을 활용하여 제작할 수 있다.
2. 유아들과 직접 일회용품과 재사용품의 사진을 찍어 카드를 만들 수 있다.

확장활동

그림카드 뒷면에 숫자와 수만큼의 개수 그림을 넣어 수에 관심을 가질 수 있도록 확장할 수 있다.

지구를 살려주세요

활동목표

- 환경오염에 대해 관심을 가진다.
- 지구를 위해 우리가 할 수 있는 일을 말로 표현한다.

활동자료

사진자료(지구가 아파하는 지구 모습, 오염된 지구 모습)

활동방법

1. 지구가 아파하는 모습과 환경이 오염된 그림을 보며 이야기 나눈다.
   - 지구의 모습이 어떤가요?
   - 지구가 왜 아파하고 있을까요?
   - 아픈 지구를 보니 어떤 마음이 드나요?
2. 지구가 아픈 이유에 대해 예측하면서 이야기 나눈다.
   - 하늘이 아픈 이유는 무엇일까요?
   - 땅이 아픈 이유는 무엇일까요?
   - 물이 병든 이유는 무엇일까요?
3. 지구를 살리기 위해 할 수 있는 일에 대해 이야기 나눈다.
   - 지구를 살리기 위해 우리가 할 수 있는 일에는 어떤 것들이 있을까?

활동 시 유의점

지구오염에 대한 그림자료는 컴퓨터를 이용해 사진자료로 볼 수 있다.

확장활동

1. 동화책 '지구가 아파요'(얀손 힐 지음, 이순미 옮김)를 읽어 지구오염 문제에 대한 인식을 확산시켜 준다.
2. 지구사랑, 자연보호 등 환경부 환경보존 동화 그림책을 활용한다.

깨끗한 물을 만들어요

활동목표

- 물이 부족한 나라에 관심을 갖는다.
- 물의 소중함을 안다.
- 물이 깨끗해지는 과정을 안다.

활동자료

물, 슬라이드, 교육 동영상(아프리카 물 부족 동영상), 간이 정수기 만들기 키트.

활동방법

1. 우리가 쓰는 물이 깨끗한 물인지 또 우리가 이렇게 물을 사용할 수 있는 이유를 물어본다.
2. 슬라이드사진을 보며 아이들과 이야기를 나눈다.
   - 여기 친구는 흙탕물을 마시려고 손에 담고 있어. 왜 흙탕물을 마시려고 할까?
   - 선생님이 동영상 하나를 보여줄게 다들 쉿 하고 귀 쫑끗 하고 동영상을 봐보자.
3. 아프리카의 물 부족에 대해서 설명해 준다.
   - 여기는 아프리카라는 나라인데 , 이곳에는 비가 잘 오지 않아서 물이 많이 부족해서 우리 하늘반처럼 7살인 친구들도 물을 구하러 다니고, 또 더러운 물을 먹어서 많이 아프대.
   - 그래서 방금 전 에 본 동영상에서처럼 친구들이 흙을 파서 흙탕물을 마시고, 집집마다 수도꼭지가 없어서 다들 마음대로 물을 쓰지 못한대.
4. 간이 정수기를 만들어 본다.

활동 시 유의점

1. 슬라이드 사진을 보여줄 때 아이들과의 상호작용을 한다.
2. 모든 나라가 다 흙탕물을 먹는 것은 아니라는 것을 알려준다.
3. 우리나라도 물 부족 국가라는 것을 알려준다.

활동 평가

1. 물이 깨끗해지는 것에 관심을 갖는지 평가한다.
2. 다른나라의 물 부족 현상과, 우리나라의 물 부족 현상에 관심을 갖는지 평가한다.

확장활동

1. 간이 정수기를 유아가 만들어본다.
2. 물을 아낄 수 있는 방법을 찾아본다.

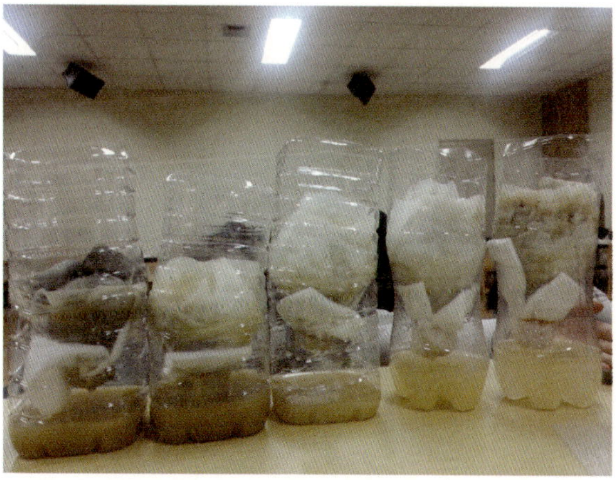

정수하는 과정

Chapter 15

동 · 식물안전

1. 동 · 식물안전교육의 필요성
2. 동 · 식물안전교육의 목표 및 내용
3. 동 · 식물안전교육활동의 실제

학습 목표

1. 동·식물안전사고의 유형을 교육할 수 있다.
2. 동·식물안전에 대한 교육을 할 수 있다.

동물과 식물은 우리 주변에서 흔히 볼 수 있으므로 친숙하게 느끼기 때문에 그에 대한 위험성은 인지하기 못하는 경우가 많다. 영유아의 경우에도 지나가는 강아지나 피어 있는 들풀들을 거리낌 없이 만지며 함께 놀려는 것을 종종 볼 수 있다. 이러한 동물과 식물들은 우리에게 아무런 해를 끼칠 것 같지 않지만 갑자기 달려들거나 독성이 있는 식물들이 있으므로 영유아에 대한 주의가 필요하다.

이 장에서는 동·식물안전교육의 필요성과 교육의 목표 및 내용, 활동의 실제에 관하여 살펴보고자 한다.

1 동·식물안전교육의 필요성

영유아를 해칠 수 있는 동물에는 누구나가 위험하다고 생각하는 뱀 등의 동물도 있지만, 우리가 흔히 접하는 개와 토끼 등의 동물도 포한된다. 특히, 영유아들의 일상생활에서 가까이 접하는 개는 자칫 잘못 다룰 경우 영유아의 생명까지 위협하는 무서운 존재로 돌변할 수 있다. 특히, 자연에서 영유아들이 쉽게 만날 수 있는 벌 등의 곤충도 그들이 가지고 있는 위험성을 영유아들이 잘 알지 못한다는 사실과 영유아들이 일반적으로 곤충을 무서워하지 않고 친구로 생각한다는 특성 때문에 쉽게 영유아의 안전을 위협하는 존재가 된다.

식물의 경우에도 가정에서 흔히 볼 수 있는 아이비, 수선화, 백합, 아이리스, 수국 같은 것은 잎이나 꽃에 독성이 있어 영유아들이 만지거나 먹으면 흥분상태에 이르거나, 구토, 경련, 호흡 곤란 및 심하면 혼수상태에 빠져 죽음에 이를 수도 있다. 그 밖에 실외 식물 중에도 양귀비, 할미꽃, 옻나무 등은 독성이 매우 강하여 먹으면 생명을 잃을 수도 있다. 따라서 주변 환경에서 접할 수 있는 동물이나 식물에 대하여 영유아들이 안전하게 행동할 수 있도록 교육시키는 것은 꼭 필요한 일이다.

2 동 · 식물안전교육의 목표 및 내용

1) 교육목표

동물이나 식물에 대한 안전교육의 목적은 영유아들이 주변에서 흔히 접할 수 있는 동물이나 식물에 대한 안전교육을 통하여 위험으로부터 자신을 보호할 수 있도록 하는 것이다. 이에 따른 목표는 첫째, 주변의 동 · 식물들이 위험할 수 있다는 것을 이해할 수 있도록 하는 것이다. 둘째, 주변의 동 · 식물들을 안전하게 다루는 방법과 기술을 익히고 실천하도록 하는 것이다.

2) 교육 내용

(1) 동물에 대한 안전

① 가정에서 기르는 애완동물

- 강아지와 고양이 같은 애완동물은 먹거나 자고 있을 때, 새끼를 돌보고 있을 때에는 영유아가 건드리지 않는다.
- 2~6개월에 한 번씩 구충제를 투약하고 광견병을 비롯한 전염병 예방주사를 정기적으로 접종한다.
- 동물의 털은 저항력이 약한 영유아에게 피부염이나 호흡기질환을 일으킬 수 있으므로 동물의 털이 날리지 않도록 자주 빗겨준다.
- 애완동물의 입을 통해 세균에 감염될 수 있으므로 동물에 입을 맞추는 행동은 하지 않도록 한다.
- 애완동물의 배설물 처리 시 철저히 관리한다. 배설물을 처리한 다음에는 항상 손을 비누로 깨끗이 씻고, 애완견과 함께 외출할 때는 배변 봉지를 챙겨서 애완견의 배설물을 처리한다.
- 애완동물을 만진 뒤에는 반드시 흐르는 물에 30초간 손을 씻는 습관을 기른다.

② 교육기관이나 견학에서 접할 수 있는 동물

- 동물들에게 너무 가까이 가거나 필요 이상으로 만지려 하지 않는다. 토끼나 다람쥐 같은 작고 순한 동물들도 영유아를 물 수 있으며 물렸을 때는 영유아들이 어른보다 큰 손상을 입을 수 있다.
- 영유아 혼자서 동물 가까이에서 직접 먹이를 주는 것은 제한해야 하며 꼭 필요한 경우라면 교사가 지켜보면서 주게 한다.
- 아무리 순한 동물이라도 유아들이 주의해서 다루어야 함을 알게 하고, 가까이에서 관찰하는 것이 필요할 때에는 반드시 교사가 함께 지켜본다.

③ 곤충에 대한 안전사고 예방

- 사마귀나 거미, 송충이 등 곤충을 손으로 직접 만지지 않는다.
- 벌이 가까이 날아오면 손이나 팔을 저어 쫓지 않는다. 가만히 있거나 몸을 서서히 조금씩 움직여 다른 곳으로 피해야 한다.
- 야외에서 벌이 좋아하는 단 음식은 가능한 한 먹지 않는다.
- 벌에 쏘였을 때는 먼저 벌에 쏘인 자리를 잘 관찰하여 벌이 쏘고 간 독침을 뽑아낸다. 벌침의 독은 산성이므로 암모니아수를 발라 중화시킨다.
- 야외에 나갈 때는 가능하면 긴 소매의 옷을 입는다.
- 필요한 경우에는 모기가 접근할 수 없도록 몸에 약을 바르거나 가까운 곳에 모기향을 피워둔다.

(2) 식물에 대한 안전

① 독성이 있는 식물의 종류

관상식물은 가정이나 유아교육기관에서 보면서 즐기기 위하여 심고 가꾸는 나무나 풀을 말하는 것으로, 어떤 것은 예쁜 꽃이나 잎 또는 열매에 독성이 있어 영유아들이 먹거나 만졌을 때 치명적인 영향을 미칠 수 있다. 따라서 가정이나 교육기관에 독성이 있는 식물은 두지 않도록 한다.

표 15-1 독성이 있는 식물의 종류와 인체에 미치는 영향

식물명	생김새	인체에 미치는 영향
디펜바키아		이 식물의 잎을 먹게 되면 혀와 입이 부풀고 삼키고 말하는 데 어려움이 있다. 소화되었을 경우 점막손상을 가져올 수 있다. 심한 경우 죽을 수도 있다.
아이비		흥분상태에 이르게 되며, 호흡이 곤란해지고 혼수상태에 빠지게 되는 경우도 있다.
크로커스, 수선화		구토, 경련, 발작, 심할 경우에는 죽음에 이를 수도 있다.
크로톤		줄기로부터 배출되는 우윳빛 수액은 피부 경련 등을 일으키게 된다.
양귀비		알칼로이드계의 독성이 강한 식물로 일반인이 열매 1~2개만 먹어도 경련을 일으키며, 호흡마비와 전신마비를 일으켜 죽을 수도 있다.
독미나리		미나리보다 줄기에 흰색과 붉은색이 강하며, 알칼로이드계의 독성이 강하여 먹으면 경련과 더불어 호흡마비, 전신마비를 일으킨다.

식물명	생김새	인체에 미치는 영향
독말풀		외국에서 들어온 귀화식물로, 먹으면 정신착란을 일으키며 다량 복용 시에는 죽을 수도 있다.
할미꽃		먹으면 복통과 위장염을 일으키며, 다량 복용 시 심장마비로 인하여 죽을 수도 있다. 이 할미꽃 뿌리를 구더기나 모기 유충이 있는 곳에 넣으면 구더기나 모기 유충이 없어진다.

② 독성 식물안전 교육 내용

- 식물의 잎이나 줄기, 열매 등을 빨거나 먹지 않는다.
- 버섯 중에도 색깔이 고운 것은 독이 있을 수 있으니 만지거나 입에 대지 않는다.
- 독버섯을 먹고 중독되었을 때는 토하게 한 다음 빨리 병원에 간다.
- 식용버섯이라도 오래된 것이면 위장염 증세를 일으키는 일도 있으므로 오래된 것이나 조리 후 시간이 오래 지난 것은 먹지 않도록 한다.

3 동 · 식물안전교육활동의 실제

애완동물을 기를 때 주의할 점

활동목표

- 애완동물의 특성에 대해 안다.
- 애완동물을 기를 때 주의할 점을 안다.
- 애완동물을 안전하게 기른다.

활동자료

다양한 애완동물 그림자료, 약속판

활동방법

1. 사진자료를 활용하여 사진을 보며 이야기를 나눈다.
   - 사진에는 어떤 동물들이 있지요?
   - 동물들이 지금 무엇을 하고 있는 것 같아요?
2. 동물을 길러본 경험, 기르고 있는 경험, 키우고 싶은 동물에 대해 이야기 나눈다.
   - 키우고 싶은 동물이나, 길러본 동물, 기르고 있는 동물이 있어요?
   - 그 동물들을 기를 때는 어떤 점을 조심해야 할까요?
3. 동물을 기를 때 어떤 점을 주의해야 할지 이야기를 나눈다.
   - 우리가 동물을 기를 때는 지켜야 하는 약속이 있다고 하는데, 어떤 약속들이 있을까요?
   - 어떤 약속들이 있는지 다 같이 알아보도록 하자.
4. 약속판을 보며 주의점에 대해 알아본다.
   - 잠을 잘 때, 먹이를 먹을 때, 아기를 돌보고 있을 때는 만지지 않아요.
   - 왜 잠 잘 때, 먹이 먹을 때, 아기를 돌보고 있을 때는 만지지 않아야 할까요?
   - 밖으로 나갈 때는 목줄과 비닐봉지를 가지고 나가요.
   - 왜 밖으로 나갈 때는 목줄과 비닐봉지를 가지고 나가야 할까요?

- 뽀뽀를 하면 세균에 옮을 위험이 있으니 하지 않아요.
- 깨끗하게 목욕을 시키고, 만진 후에는 비누로 손을 씻어요.
- 구충제를 먹이고 예방주사도 맞혀요.

5. 상황 사진을 보며 ○, ×로 이야기 나눈다.
   - 약속에 대해 알아보았어요. 이번에는 약속을 지키고 있는 사진과 약속을 지키지 않는 사진을 나누어 볼 거예요.
   - 친구들이 사진을 나누어 보았는데, 모두 같은 생각이에요?

활동 시 유의점

1. 영유아들이 알고 있는 동물에 대한 내용을 다루도록 한다.
2. 영유아들 모두 이야기할 수 있도록 지도한다.

활동평가

애완동물을 안전하게 기르는 방법을 아는지 평가한다.

확장활동

1. 내가 기르고 있는, 키우고 싶은 동물을 그려본다.
2. 동물의 집을 만들어 준다.

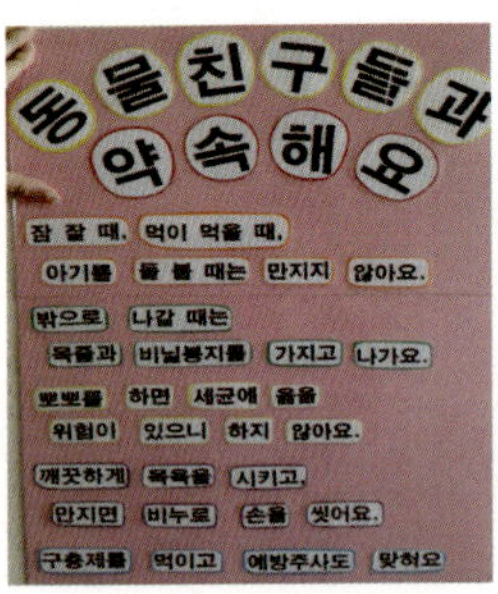

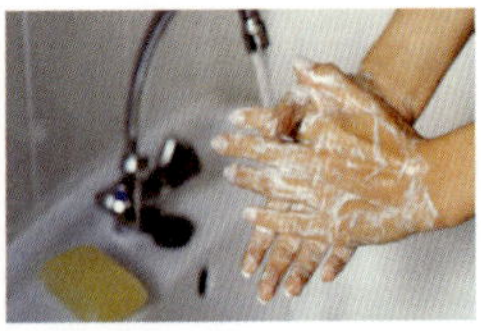

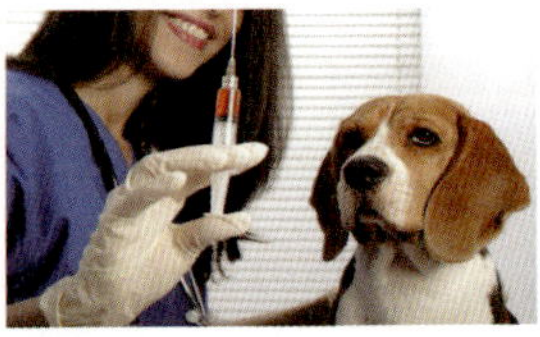

어떤 모기가 있을까?

활동목표

- 여러 가지 모기의 종류와 전염병에 대해서 안다.
- 모기에 물리지 않는 예방법에 대해서 안다.

활동자료

사진자료, 문제 사진, 예방법판

활동방법

1. 모기에 물린 경험에 대해 이야기를 나눈다.
   - 친구들 모기에 물린 적이 있니? 물렸을 때 어땠어?
   - 다른 나라 모기는 어떻게 생겼는지 아는 친구 있니?
2. 다른 나라 모기에 대해 이야기를 나눈다.
   - 선생님이 다른 나라 모기 사진을 가져왔어.
   - (사진을 보여 주며) 얘들아, 이 모기는 어떻게 생겼어?
3. 모기의 이름과 병에 대해서 한 번 더 되짚어보고 적어본다.
   - 얘들아, 방금 배운 모기의 이름과 물리게 되면 걸리는 병을 잊어버리지 않고 잘 기억하고 있지?
   - (사진을 보여 주며) 이 모기의 이름과 병이 무엇인지 아는 친구 있니?
   - 이제 더 확실히 기억하겠지? 다들 잊어버리지 말고 잘 기억하고 있자.
4. 모기 예방법에 대해 설명한다.
   - 우리가 모기에 물리지 않기 위해서는 예방이 정말 중요해.
   - 모기 예방하는 방법을 알고 있니?
     첫째, 화분이나 받침에 고인 물은 바로 비워요.
     둘째, 집 주변의 쓰레기는 자주 청소해요.
     셋째, 집에 들어갈 때는 옷을 털고 들어가요.
     넷째, 손을 깨끗이 씻어요.
     다섯째, 예방접종을 맞아요.

활동 시 유의점

친구와 떠들지 않고 선생님 말씀을 잘 듣는다.

활동평가

종류와 전염병에 대해서 이해했는지 평가한다.

확장활동

1. 질병관리본부에 들어가서 다른 다양한 전염병과 질병 예방에 대해서 보고 이야기 나눈다.
2. 자신이 모기가 되어 모기를 흉내 내며 숨바꼭질에 변형시켜 게임을 해본다.

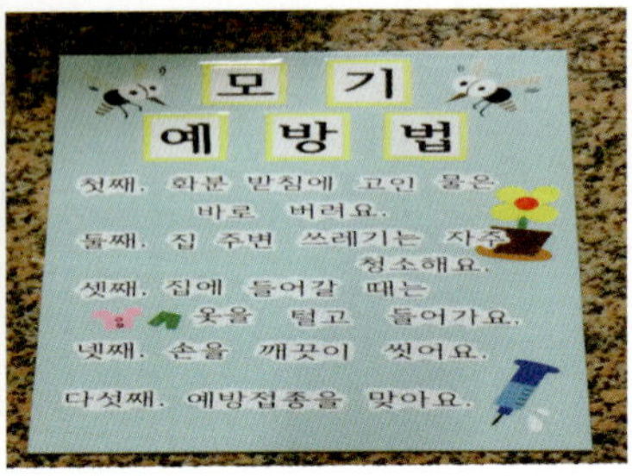

먹을 수 있는 식물과 먹을 수 없는 식물

활동목표

- 우리 주변의 먹을 수 있는 식물과 먹을 수 없는 식물에 관심을 가진다.
- 주변의 먹을 수 있는 식물과 먹을 수 없는 식물에 대한 경험을 말할 수 있다.
- 먹을 수 있는 식물과 먹을 수 없는 식물을 분류할 수 있다.

활동자료

궁금주머니, 그림자료, 얼굴모형, 먹을 수 있는 식물 모형(무, 당근, 토마토, 가지), 먹을 수 없는 식물 모형(민들레, 장미, 솔방울, 단풍잎)

활동방법

1. 식물에 대한 수수께끼를 맞추어보고 '식물'의 의미를 알아본다.
   - 이것은 무엇일까요?
   - '식물'이라는 말을 들어본 적이 있니?
   - '식물'은 어떤 것일까?
2. 주변에서 볼 수 있는 식물의 사진을 보면서 본 경험에 대해 이야기 나눈다.
   - 이 식물을 본 적이 있니?
   - 이 식물의 이름이 무엇일까?
   - 이 식물을 먹어본 경험이 있니?
3. 먹을 수 있는 식물과 먹을 수 없는 식물에 대해 이야기 나눈다.
   - 먹을 수 있는 식물에는 어떤 것들이 있을까?
   - 먹을 수 없는 식물에는 어떤 것들이 있을까?
4. 활동 전 교구를 탐색과 활동방법에 대해 이야기 나눈다.
   - 선생님 옆에 있는 것이 무엇인 것 같니?
   - 왜 웃고 있는 것 같니? 왜 울고 있는 것 같니?
   - 궁금주머니 안에 있는 식물을 꺼내서 그 식물이 먹을 수 있어요~ 하면 어떻게 하면 좋을까?
   - 먹을 수 없는 식물이에요~ 하면 어떻게 하면 좋을까?
5. 활동을 통해 알게 된 점에 대해 이야기 나눈다.
   - 먹을 수 있는 식물에는 어떤 것들이 있었니?

- 먹을 수 없는 식물에는 어떤 것들이 있었니?
- 활동을 통해 어떤 것을 알게 되었니?

활동 시 유의점

1. 교사가 준비한 식물 말고도 다양한 식물이 있다는 것을 알도록 한다.
2. 식물에 대한 유아의 경험과 생각을 자유롭게 표현하도록 격려한다.

활동평가

1. 먹을 수 있는 식물과 먹을 수 없는 식물에 대해 관심을 가지는지 평가한다.
2. 식물에 대한 자신의 경험과 느낌을 말로 표현하는지 평가한다.

확장활동

1. 먹을 수 있는 식물과 먹을 수 없는 식물을 직접 볼 수 있도록 실외활동을 해본다.
2. 유아들과 함께 유치원/가정에서 먹을 수 있는 식물, 먹을 수 없는 식물을 가꿔본다.
3. 몸에 좋은 음식, 몸에 나쁜 음식으로 바꾸어서 활동할 수 있다.

애완동물도 화나면 무서워요

활동목표

- 주변에서 볼 수 있는 애완동물에 대해 관심을 갖는다.
- 애완동물이 싫어하는 행동과 좋아하는 행동을 알고 실천할 수 있다.
- 애완동물을 안전하게 다룰 수 있는 방법과 기술을 익히고 실천할 수 있다.

활동자료

그림동화 '뽀삐도 화나면 무서워(강병철 글, 염경진 그림)'

교육지도자료 154 사진자료(고양이, 이구아나, 햄스터 등 애완동물)

활동방법

1. 그림동화를 들려준다.
2. 동화내용에 대해 이야기 나눈다.
   - 뽀삐는 왜 화가 났니?
   - 하늘이가 뽀삐의 귀를 잡아당겨서 어떤 일이 생겼니?
   - 만약 은성이가 뽀삐를 보고 뛰지 않았다면 어떻게 되었을까?
3. 여러 가지 애완동물의 종류와 특성을 알아본다.
4. 여러 가지 애완동물과 안전하게 지낼 수 있는 방법에 대해 이야기 나눈다.

활동 시 유의점

1. 지형을 나타내는 상자는 유아들이 잡기 쉽도록 높지 않도록 한다.
2. 나무블록은 준비된 상자의 크기보다 작은 것으로 준비한다.

확장활동

여러 가지 애완동물을 창의적으로 신체 표현해 본다.

내가 키우고 싶은 애완동물 만들기

활동목표

- 여러 가지 애완동물이 사람들에게 주는 이로운 점과 해로운 점을 안다.
- 애완동물을 사랑하는 마음을 가지고 잘 돌봐줄 수 있다.

활동자료

상자, 화장품 병 등 재활용품, 그리기 도구, 색종이, 풀, 본드, 끈 등

활동방법

1. 영유아들이 집에서 키우고 싶은 애완동물을 생각해 본다.
   - 키우고 싶은 애완동물은 어떤 것이니?
   - 애완동물을 키우려면 어떤 것을 준비해줘야 할까?
   - 조심해야 할 것은 무엇이 있을까?
2. 키우고 싶은 애완동물을 만들어 본다.
3. 완성 후 자신이 만든 애완동물을 친구들에게 소개한다.
   - 어떤 동물을 만들었니?
   - 이름은 무엇이니?
   - 어떤 것을 좋아하니? 싫어하는 것은 무엇이니?

활동 시 유의점

1. 지형을 나타내는 상자는 유아들이 잡기 쉽도록 높지 않도록 한다.
2. 나무블록은 준비된 상자의 크기보다 작은 것으로 준비한다.

확장활동

쌓기영역에 애완동물의 종류대로 동물의 집을 만들어 동물을 보살펴 주는 역할놀이를 한다.

동·식물안전사고

활동목표

- 위험한 상황을 알고 대처할 수 있다.
- 응급처치의 중요성과 절차에 대해 알고 실천할 수 있다.

활동자료

동영상자료(응급처치), 그림자료(벌에 쏘이는 모습, 귀나 눈에 벌레가 들어가는 모습, 독버섯을 먹었을 때 등), 종이와 쓰기 도구, 그리기 도구

활동방법

1. '응급처치' 동영상자료를 보고 난 뒤 응급처치의 중요성에 대해 이야기 나눈다.
   - 갑자기 아프거나 다쳐본 적 있니?
   - 갑자기 아프거나 다치면 어떻게 해야 할까?
   - 응급처치를 늦게 하면 어떤 일이 생길까?
2. 동 · 식물 안전사고와 관련된 응급처치방법에 대해 이야기 나눈다.
   - 갑자기 벌에 쏘였을 때는 어떻게 응급처치해야 할까?
   - 귀나 눈에 벌레가 들어갔을 때는 어떻게 응급처치 해야 할까?
   - 독버섯을 먹었을 때는 어떻게 응급처치 해야 할까?
3. 모듬별로 여러 가지 해결책을 글로 적거나 그림으로 표현해본다.
   - 응급처치에 대한 여러 가지 해결방법을 검토해 보고 다른 친구들의 의견과 비교해 본다.

활동 시 유의점

1. 지형을 나타내는 상자는 영유아들이 잡기 쉽도록 높지 않도록 한다.
2. 나무블록은 준비된 상자의 크기보다 작은 것으로 준비한다.

확장활동

동네 가까이에 있는 병원의 응급실을 방문하여 구급차, 의사, 간호사가 어떻게 응급처치 하는지 관찰하게 한다.

먹을 수 있는 식물

활동목표

- 먹을 수 있는 식물과 먹을 수 없는 식물이 있다는 것을 안다.
- 식물안전 수칙을 알고 지킬 수 있게 된다.

활동자료

유아용 호미, 꽃삽, 비닐봉지, 쑥 관련 책이나 자료

활동방법

1. 과학영역에 미리 쑥을 놓아두고 관찰하게 한다.
2. 쑥에 대해 알아본다.
   - 이게 무엇일까? 어디서 본 적 있니?
   - 쑥의 모양은 어떻게 생겼니?
   - 쑥은 어떤 냄새가 날까?
   - 쑥은 먹을 수 있는 걸까? 먹을 수 없는 걸까?
   - 쑥과 풀을 어떻게 구별할 수 있니?
3. 쑥을 캐는 방법과 주의사항에 대해 이야기 나눈다.
   - 쑥을 캐 본 친구 있니? 쑥을 캘 때 어떤 것들이 필요할까?
   - 쑥을 어떻게 캐니?
   - 뿌리가 잘리지 않도록 잘 캐려면 어떻게 해야 할까?
4. 조심스럽게 쑥을 캐어 바구니 또는 비닐봉지에 담아온다.

확장활동

1. 영유아들이 캔 쑥으로 쑥떡, 쑥범벅 등을 해서 간식으로 먹는다.
2. 키우고 싶은 식물 그림을 그려본다.

Chapter 16

미디어안전

1. 미디어안전교육의 필요성
2. 미디어안전교육의 목표 및 내용
3. 미디어안전교육활동의 실제

학습 목표

1. 미디어안전사고의 유형을 교육할 수 있다.
2. 미디어안전에 대한 교육을 할 수 있다.

우리나라 가정 내 TV, 컴퓨터, 스마트폰과 같은 전반적인 미디어 매체 보유율은 각각 모두 97% 이상으로 거의 대부분의 가정에서 보유하고 있는 것으로 나타났으며, 한국인터넷진흥원(2011)에 따르면 영유아 이용률이 가장 높은 매체는 TV로 95% 가까이 이용하고 있으며 66.2%의 유아가 인터넷을 사용하고 있는 것으로 나타났다. 이를 통해 영유아 모두 TV와 스마트폰에 많이 노출되어 있다는 것을 알 수 있다.

이 장에서는 미디어교육의 필요성과 내용 및 미디어교육활동의 실제에 관하여 살펴보고자 한다.

1 미디어안전교육의 필요성

21세기 현대 사회의 미디어 발달과 스마트기기, 인터넷 사용의 증가로 거의 모든 어른들이 전자통신기기의 사용에 노출되어 있다. 또한 영유아에게도 전자통신기기에 쉽게 노출되어 있는 것을 볼 수 있다. 일반적으로 부모들은 스마트폰의 교육용 앱이나, 동요 듣기, 사진 보기 등 다양한 기능이 있어 아이에게 나쁘지 않다고 생각하는 경향이 있으므로 자연스럽게 영유아가 접하게 되었다.

그러나 전자매체 및 스마트폰이 만 3세 이하 영유아들이 게임이나 동영상 등에 지나치게 빠져드는 경우가 많으며 영유아는 자제력이 부족하기 때문에 너무 일찍 디지털 매체에 노출되면 게임 중독으로 이어질 수 있다. 또한 과도하게 PC 게임을 많이 하거나 인터넷을 끊지 못하는 증상들을 모두 통틀어 인터넷 중독이라고 하며, 그중 최근에 발생하는 스마트폰 중독이 대표적이라 할 수 있다. 유병률은 2~15% 정도로 파악되지만 현재 아이들의 경우에는 미디어 기기에 다양하게 노출되고 있어 빈도가 더 높을 것으로 예상되고 있으며 남자아이가 여자아이보다 미디어 기기 중독에 취약한 것으로 나타나고 있다.

장시간 과다하게 미디어에 노출될 시에는 정신적, 신체적, 심리적으로 부정적인 영향을 미칠 수 있으므로 전자매체의 영향으로부터 영유아를 보호하고 유해성으로부터 유아 스스로 자신을 보호할 수 있는 능력과 태도를 길러주기 위하여 미디어 안전교육이 필요하다.

2 미디어안전교육의 목표 및 내용

1) 교육목표

우리 생활에서 편리하게 사용되는 전자매체가 영유아에게는 악영향을 가져다 줄 수 있다. 미디어의 과도한 사용은 영유아로 하여금 학습능력 저하, 발육부진, 사회성 결여 등의 부작용을 불러일으키며 전자파 노출로 인한 질병, 중독현상, 유해정보 노출의 가능성이 있다. 이러한 측면에서 영유아를 보호하기 위한 미디어안전교육이 필요하며 그에 따른 목표는 다음과 같다.

첫째, 미디어의 전자파 노출에 대한 위험성을 인식한다.
둘째, 미디어의 순기능과 역기능을 안다.
셋째, 미디어를 이용하는 시간을 정하고 지킨다.
넷째, 미디어를 바른 자세로 이용한다.

2) 교육 내용

(1) TV 프로그램 및 영화 시청 등급

부모가 텔레비전을 보는 시간 유아도 함께 드라마, 뉴스, 오락 프로그램을 시청하는 경우가 있다. 이때 영유아는 연령에 맞는 프로그램만 시청하도록 하고 부모는 영유아와 함께 하는 시간에는 텔레비전 시청이나 영화 보는 것을 줄이는 것이 좋다.

따라서 TV 시청을 할 때에는 프로그램이 영유아의 연령과 발달에 적합한지 알아보는 것이 필요하다. 영유아가 볼 수 있는 텔레비전 시청 등급은 '모든 연령 시청가'이며 이러한 문구가 뜨는 프로그램은 주제와 내용이 취학 전(7세 미만) 어린이를 포한함 모든 연령의 시청자가 시청하기에 적절한 프로그램이다. 기본적으로 폭력적 · 선정적 표현 또는 부적절한 언어 사용이 없어야 되며, 일반적으로 용인되지 않는 사상, 종교, 풍속 등과 관련하여 정신적, 육체적으로 유해한 표현이 없는 것이 '모든 연령 시청가'에 해당한다.

(2) TV 시청에 대한 교육

영유아와 적절한 시간을 정하여 텔레비전을 보는 것이 좋다. 미국 소아학회 권고사항에 따르면 3살 미만의 영아에게는 보여 주지 않는 것이 바람직하며 유아기에도 일주일에 10시간 이하로 제한하고 있다. 텔레비전을 시청할 때에는 텔레비전 대각선 길이의 약 5배 정도 떨어진 곳에서 시청하는 것이 눈에 무리 가지 않는 것으로 눕거나 엎드려서 보지 않고 바른 자세로 앉아 시청하도록 한다.

(3) 인터넷에 대한 교육

컴퓨터와 스마트폰을 과다하게 사용하여 금단현상이 나타나는 것을 인터넷 중독이라 한다. 이러한 인터넷 중독 현상을 보이는 영유아의 경우 목이 거북이처럼 앞으로 빠져 구부러지는 증상을 보이는 거북목 증후군, 손목이나 손가락의 감각에 이상이 오는 손목터널 증후근, 눈을 깜박이는 횟수가 줄어들어 눈이 건조해지거나 뻑뻑해지는 안구건조증의 증상이 올 수 있다.

이러한 증상을 예방하기 위해서는 저녁시간이나 식사시간에는 하지 않으며 시간을 정해서 하는 것이 좋다. 이 외에도 인터넷보다는 책을 읽고 책에 대한 이야기를 많이 하는 것이 좋으며 인터넷에 대한 영유아의 올바른 지식, 태도, 행동의 균형 있는 발달을 통해 영유아가 스스로 인터넷활동을 조절할 수 있는 능력을 기르도록 한다.

3 미디어안전교육활동의 실제

텔레비전을 바르게 보아요

활동목표

- 미디어의 올바른 사용법에 대해 생각하여 말할 수 있다.
- 미디어를 과도하게 사용하면 해가 됨을 안다.

활동자료

텔레비전 시청 관련 그림 낱장 동화

활동방법

1. 텔레비전을 본 경험에 대해서 이야기 나눈다.
2. 두치의 이야기 낱장 그림책을 들려준다.
3. 그림을 보면서 회상한다.
4. 텔레비전을 볼 때에 지켜야 할 약속에 대해 이야기 나눈다.

활동 시 유의점

그림 동화 본 것을 실생활에서 적용할 수 있도록 이야기 나눈다.

활동평가

1. 영유아가 그림동화를 귀 기울여 듣는다.
2. 텔레비전을 보며 유의해야 할 점을 유아가 알고 있는지 평가한다.

확장활동

1. 동화책 내용을 극놀이로 확장해 본다.
2. 가정과 연계하여 부모교육자료를 통해 안전의식을 고취시킨다.

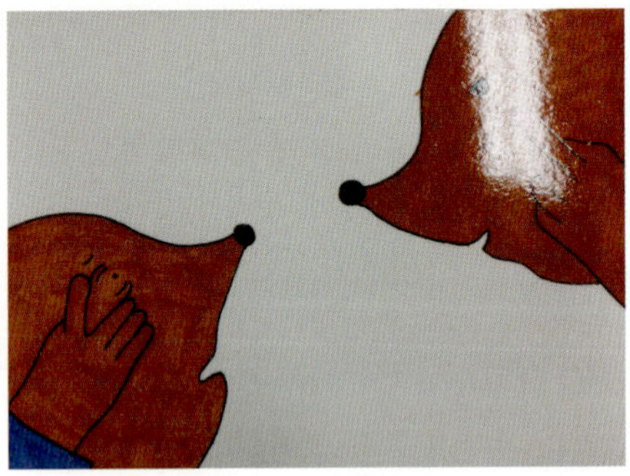

나는 바른 자세 왕!

활동목표

- 컴퓨터 사용 시 바른 자세를 알고 지킬 수 있다.
- 약속과 규칙이 있음을 이해하고 지켜야 함을 안다.

활동자료

그림카드 30개(앞면 : 컴퓨터 사용의 바른 자세 그림, 뒷면 : 바르지 못한 자세 그림, '컴퓨터를 바르게 사용해요' 활동자료를 활용), 원형 매트 2개

활동방법

1. 게임 준비물을 함께 보며 이야기 나눈다.
   - 이 그림카드에는 무엇이 그려져 있나요?
   - (바른 자세 그림카드를 보여 주며) 이 그림에 있는 사람은 어떤 자세로 컴퓨터를 하고 있나요?
2. 그림카드를 보며 게임방법과 규칙을 정한다.
   - 두 팀으로 나누어 우리가 부르는 노래에 맞춰 바른 자세의 그림카드가 위로 보이도록 뒤집는 게임을 해보자.
   - 게임을 멈추었을 때 바른 자세 카드가 더 많이 뒤집혀 있는 팀이 이기는 게임이에요.
3. 게임을 하면서 지켜야 할 규칙에 대해 설명하고 약속을 정한다.
   - 게임을 하면서 지켜야 할 약속은 무엇이 있을까요?
   - 그림카드를 던지면 안 돼요, 순서대로 해요, 친구를 밀지 않아요.
4. 카드를 제시하고 즐겁게 게임을 한다.
5. 게임을 한 후 바른 자세 그림카드를 보며 이야기 나눈다.
   - 내가 뒤집은 카드에는 어떤 그림이 있었나요?
6. 피아노 반주에 맞추어 '바르게 바르게' 노래를 불러본다.

확장활동

1. '나란히 나란히'(윤석중 요) 곡을 '바르게 바르게'로 개사하여 불러본다.

바르게 바르게 바-르게 텔레비전 볼-때는
바르게 바르게 앉아서 텔레비전 볼- 때는 계획을 세워서 보아요
텔레비전 볼-때는 계획을 세워서 보아요
텔레비전 볼-때는 어린이 프로만 보아요-
약-속을 지-키면 더욱 더 재-미 있어요
바르게 바르게 바-르게

컴퓨터(텔레비전)를 바르게 사용해요

활동목표

- 미디어의 올바른 사용법에 대해 생각하여 말할 수 있다.
- 미디어를 과도하게 사용하면 해가 됨을 안다.

활동자료

컴퓨터 사용의 올바른 태도 관련 그림자료(텔레비전 시청 관련 그림자료는 '텔레비전을 바르게 보아요' 포스터 그리기 활동 관련 DVD를 활용)

활동방법

1. 컴퓨터와 텔레비전의 좋은 점에 대해 이야기 나눈다.
   - 컴퓨터와 텔레비전을 사용할 때에 무엇이 가장 재미있나요?
   - 컴퓨터와 텔레비전은 우리에게 어떤 도움을 주나요?
2. 가정에서 컴퓨터와 텔레비전을 어떻게 사용하는지에 대해 이야기 나눈다.
   - 집에서 컴퓨터(텔레비전)로 무엇을 보나요?
   - 오랫동안 사용해 본 적이 있나요?
3. 컴퓨터와 텔레비전을 과도하게 사용하면 어떻게 될지 예측해 본다.
4. 컴퓨터와 텔레비전의 올바른 사용방법에 대해 이야기 나눈다.
   - 사용시간은 하루 30분 이내, 컴퓨터 모니터와의 거리는 40~50cm 이상 유지, 허리를 펴고 바르게 앉아서 사용하기, 모니터를 내려다 볼 수 있도록 하기, 가족과 함께 텔레비전 보기, 텔레비전은 최대한 멀리 떨어져서 보기, 정해진 시간과 프로그램 지켜서 텔레비전 보기 등
5. 컴퓨터와 텔레비전을 사용할 때 지켜야 할 예절에 대해 이야기 나눈다.
   - 컴퓨터(텔레비전)를 사용(시청)할 때 지켜야 할 점에는 어떤 것들이 있을까요?

활동 시 유의점

1. 위의 내용을 한 번에 모두 다 이야기할 필요는 없으며 상황에 따라 컴퓨터 또는 텔레비전에 관해 집중적으로 며칠에 걸쳐 이루어질 수 있으므로 융통성 있게 내용을 조절

한다.

2. 교사가 영유아들과 이야기하고자 하는 바에 대한 맥락은 가지고 있되, 내용이 분절되지 않도록 유의한다.

확장활동

가정과 연계하여 컴퓨터와 텔레비전의 올바른 사용에 관한 약속 정하기를 부모님과 하고 실생활에서 직접 실천하게 한다.

Chapter 17

응급처치

학습 목표

1. 상황별로 응급처치를 할 수 있다.
2. 응급처치를 위한 준비물을 챙길 수 있다.
3. 하임리히법과 심폐소생술을 할 수 있다.

1 응급처치의 중요성

응급상황은 일상생활 중 언제 어디서나 발생할 수 있다. 응급처치는 영유아의 사고로 인한 부상이나 질병으로 인해 건강과 안녕을 위협받는 긴급한 상황에서 생명을 구하고 유지한다. 따라서 질병이나 손상이 악화되는 것을 방지하고 통증을 경감시키기 위해 환자에게 가해지는 즉각적이고 신속한 처치를 응급처치라 한다.

응급처치의 주요 목적은 첫째, 환자의 생명을 구하고 유지하며, 둘째, 질병이나 손상이 더욱 악화되는 것을 방지하고, 셋째, 통증을 가능한 한 경감시키며, 넷째, 환자를 가치 있는 한 인간으로서 의미 있는 삶을 영위할 수 있도록 회복시키는 것이다. 이러한 응급상황에 대처하는 처치자의 신속 · 정확한 행동 여부에 따라서 영유아의 회복기간이 단축되기도 하므로 위험에 처했을 때 침착하게 대처하는 능력이 필요함을 염두에 두어야 한다.

2 상황별 응급처치방법

1) 기도폐쇄

음식물을 잘못 섭취했을 경우 일어날 수 있다. 기도가 폐쇄되었을 경우 3~4분 이내 의식을 잃게 되기 때문에 빠른 응급처치가 필요하다. 증상으로는 두 손으로 목 부분을 쥐고 기침을 하거나 목 부분에서 색색 소리가 나며 얼굴이 파랗게 변하는 모습을 볼 수 있다. 영유아가 말을 할 수 있는 경우에는 기침을 유도한다. 말을 할 수 없는 경우에는 119, 1339에 신고하거나 하임리히법을 이물질이 나올 때까지 반복하여 실시한다.

2) 열성경련

영유아에게 열이 나는 주요 원인으로는 감기, 급성중이염, 요로감염, 뇌막염, 수두 등이 있다. 영유아의 담요나 옷을 벗기고 시원하게 해주거나 전신을 골고루 미지근한 물로 닦아준다. 이러한 경우 열만 떨어져도 대부분 경련을 멈춘다.

3) 화상

화상을 입으면 무엇보다 빨리 찬물에 담가 오랫동안 열을 식혀준 뒤 병원으로 가는 것이 안전하다. 또한 표면의 열은 식었더라도 피부 깊은 곳의 열을 식힐 만큼 충분히 담그지 않으면 화상은 진행되므로 흐르는 물에 충분히 씻겨 준다. 화상으로 붙은 옷을 강제로 떼어내지 않으며 물집이 잡히면 감염방지를 위해 터트리지 않는다.

4) 출혈

출혈이란 혈액이 외부로 유출되는 것으로 심한 출혈일 경우 호흡과 맥박이 빨라지고 피부가 창백해지며 체온이 떨어진다. 이때 보편화된 방법은 압박지혈이며 출혈이 멈추면 소독거즈를 덮고 압박붕대로 감아준다. 출혈이 멈추지 않으면 더 강하게 압박해 보고 사지에서 출혈이 있는 경우 출혈부위를 심장보다 높여준다.

5) 절단

절단은 손상으로 인해 신체의 정상 조직과 그 일부분이 완전히 분리된 상태이다. 절단된 부위는 빠른 시간 내에 생리식염수로 적신 거즈에 감싼 후 비닐봉지에 담아 병원으로 이송하는 것이 좋다.

6) 골절

골절사고가 일어난 경우 환자를 가급적 움직이지 않고 119에 신고한다. 발가락이나 손가락을 가볍게 만져 감각이 있는지 물어보고 감각이 없다면 신경계나 척추손상의 우려가 높으므로 주의하여 119가 도착하면 병원으로 이송한다.

7) 중독

중독은 저독성 물질섭취(풀, 크레용 등), 위험물 중독(강산, 강알카리 등), 흡입에 의한 중독(일산화탄소 등)이 있다. 영유아는 구토, 호흡곤란, 복통, 발한, 의식장애, 경련 등의 증상이 나타날 수 있으므로 기도를 확보하고 약물, 화학물질, 약병 등을 수거하여 병원으로 가져간다.

8) 물놀이 사고

물에 빠진 영유아를 구했을 때 의식이 있고 큰 소리로 운다면 물을 많이 먹지 않은 상태이다. 만약 물을 토하기 시작하면 한쪽 무릎을 세워 영유아를 그 위에 엎드리게 하고 등을 가볍게 두드려서 물을 모두 뱉어내도록 한다. 의식이 없더라도 맥박이 뛰고 있으면 편안하게 눕히고 담요를 덮어 몸을 따뜻하게 해준다. 반드시 전문의를 찾아가 폐나 기관지 등의 2차 손상을 예방한다.

9) 일사병 및 햇볕화상

여름철 땀을 지나치게 많이 흘려 수분과 염분이 빠져 나감에 따라 피로, 식욕감퇴, 구역질, 현기증, 두통 등의 증상이 나타난다. 이때 충분한 수분 섭취와 뜨거운 햇볕 아래서 심한 운동이나 놀이는 삼가야 한다. 일사병으로 쓰러지는 경우에는 환자를 시원한 곳으로 옮겨 다리를 약간 높게 눕히고 옷을 풀어 느슨하게 하여 체온을 떨어뜨려준다.

10) 벌레에 쏘이거나 가시에 찔렸을 때

빠른 시간 안에 집게로 침을 뽑고, 통증을 해소시키며 부기를 막기 위해 찬 찜질을 하도록 한다. 통증과 부기가 계속되면 병원을 찾는다. 가시에 찔렸을 경우 소독한 집게로 뽑는다. 헌 못에 찔렸을 때는 의사의 진찰과 파상풍 주사를 맞도록 한다.

3 응급처치를 위한 준비물

실외활동이나 견학 시에는 최소한의 구급약을 갖추어 가져가야 한다. 해열진통제, 소화제는 필수이며 해열진통제의 경우 어른만 사용할 수 있는 약과 영유아의 용량대로 사용할 수 있는 약을 갖추는 게 좋다. 제산제, 소염제, 항생제가 포함된 피부연고, 소독약을 준비한다.

출혈에 대비한 흡수용 탈지면 한 묶음과 알레르기 반응에 대비한 항히스타민제가 필요하다. 여러 크기의 붕대와 반창고, 압박붕대, 면봉, 거즈(10×10cm), 핀셋, 가위, 일회용 수술장갑 등이 있어야 한다.

이 밖에 체온계, 저혈당증 때 사용할 설탕, 생리식염수 점안액, 얼음주머니 등이 필요하다. 집에 있던 약을 가져갈 땐 유효기간을 확인해야 한다. 통상 알약은 2년(뜯은 뒤엔 1년), 연고제는 2년(개봉 후엔 6개월)이 사용기한이다(이혜정, 2015).

표 17-1 종류별 응급처치용품

의료약품	바르는 약품	먹는 약품
• 붕대 · 거즈 · 소독솜 • 삼각붕대 · 탄력붕대 • 칼 · 가위 · 핀셋 · 족집게 • 면봉 · 반창고 • 체온계 • 일회용 장갑 • 일회용 밴드 • 각종 부목 • 냉찜질팩	• 베타딘, 포비돈 • 상처용 외용연고 • 피부연고 • 근육용 마사지 연고 • 화상용 바세린 거즈 • 생리식염수 • 벌레 물린 데 바르는 연고 • 파스 • 바세린 로션	• 설사약 • 멀미약 • 진통제 • 해열제 • 소화제

4 하임리히법과 심폐소생술

1) 하임리히법

하임리히법(Heimlich maneuver 또는 abdominal thrusts)이란 기도가 이물질로 인해 폐쇄되었을 때, 즉 기도이물이 있을 때 응급처치법이다. 서 있는 어른의 경우에는 뒤에서 시술자가 양팔로 환자를 뒤로부터 안듯이 잡고 검돌기와 배꼽 사이의 공간을 주먹으로 세게 밀어 올리거나 등을 세게 친다. 단, 1세 미만의 영아에 대해서는 하임리히법을 사용하지 않는다.

2) 심폐소생술

갑작스런 사고나 질환으로 호흡이 멈추고 맥박이 뛰지 않을 때 환자의 폐에 공기를 불어넣고 흉부압박을 가하여 혈액순환을 유지하도록 도움을 주는 방법이다. 심정지가 발생하고 5분 이상이 경과되면 뇌손상이 시작되고 10분 이상 경과되면 소생가능성이 희박하다. 영유아의 심정지는 호흡의 문제로 인해 뇌나 심장으로 충분한 산소가 전달되지 못해 발생하는 경우가 대부분이므로 초기에 효과적인 심폐소생술을 시행하는 것이 무엇보다도 중요하다.

(1) 영아의 심폐소생술

✲ 1세 이하의 심폐소생술

① 의식 확인

발바닥을 자극하여 영아의 반응을 보아 의식을 확인한다.

② 도움 요청

119에 연락한다.

③ 기도 열기

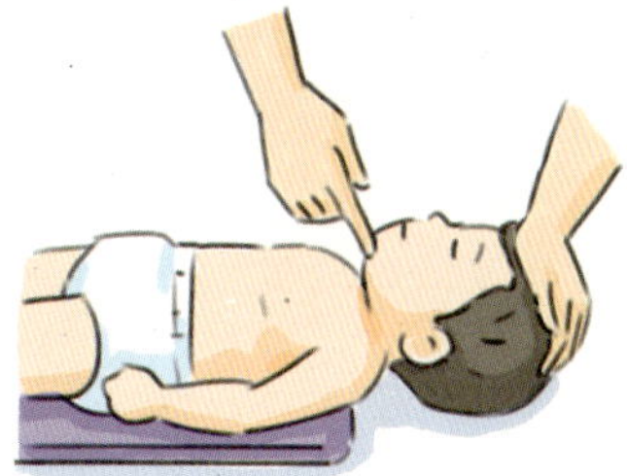

영아의 목은 매우 유연하므로 머리 젖히기와 턱 들어올리기는 부드럽게 하며 너무 많이 젖히지 않도록 한다.

④ 호흡 확인

보고, 듣고, 느끼는 방법으로 호흡이 있는지 확인한다.

⑤ 인공호흡

- 코와 입을 한꺼번에 처치자의 입으로 덮고 호흡을 불어넣는다.
- 호흡의 양은 아주 적은 양으로 흉부에 상승을 확인하면서 불어넣는다.

⑥ 흉부압박법

- 영아를 딱딱한 바닥에 눕힌다.
- 양측 유두를 이은 가상의 선 바로 아래의 흉골 위치에 두 손가락을 댄 후 분당 100회의 속도로 흉곽의 1/3~1/2 깊이로 압박한다.
- 인공호흡과 흉부압박은 30 : 2의 비율로(단, 두 사람 이상의 응급의료종사자나 심폐소생술 교육을 받은 사람의 경우 15 : 2의 비율로) 119구급대가 도착할 때까지 실시한다.

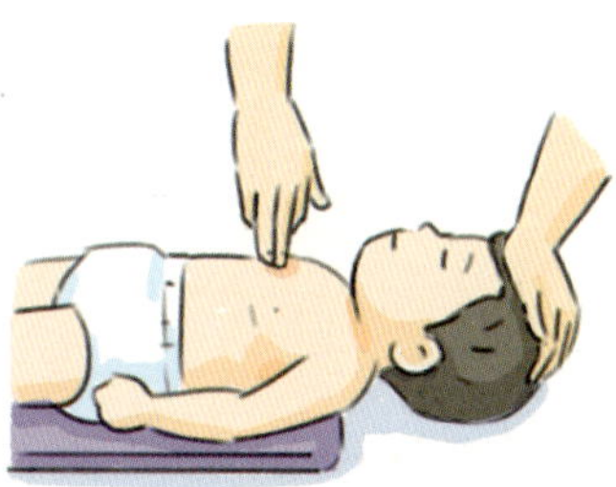

구조자가 한 사람인 경우

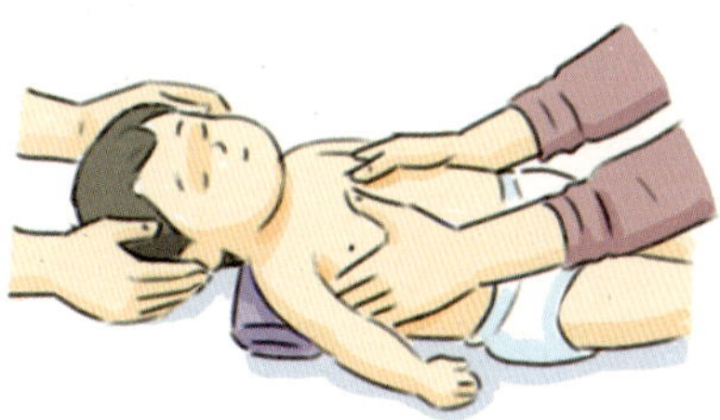

구조자가 두 사람인 경우

(2) 유아의 심폐소생술 순서

✻ 1~8세의 심폐소생술

① 의식 확인

환아의 어깨를 가볍게 두드리거나 흔들면서

괜찮은지 소리쳐 의식상태를 확인한다.

② 도움 요청

- 주변에 있는 교사에게 119에 전화해달라고 부탁한다.
- 주변에 아무도 없으면 직접 전화한다.

③ 자세 바로잡기

인공호흡이나 흉부압박을 하기 위해서는 환아를 바로 눕힌다.

④ 기도 열기

- 머리를 뒤로 젖히고 턱을 들어올린다.
- 환아의 입이 닫히지 않도록 한다.

⑤ 호흡 확인

- 환아의 얼굴에 귀를 대고 눈은 환아의 가슴을 쳐다본다(5~10초간).
- 보고 → 눈으로 가슴의 움직임을 본다.
- 듣고 → 귀로 호흡음을 듣는다.
- 느낀다 → 뺨으로 숨결을 느낀다.

⑥ 인공호흡

- 기도 개방을 확실하게 한다.
- 환아의 코를 엄지와 검지로 막는다.
- 구조자의 입을 환아의 입에 밀착시킨다.
- 1초간 공기를 부드럽게 불어넣는다.
- 코를 잡았던 손을 놓아 환아의 숨이 나오게 한다.
- 같은 방법으로 한 번 더 불어넣는다.

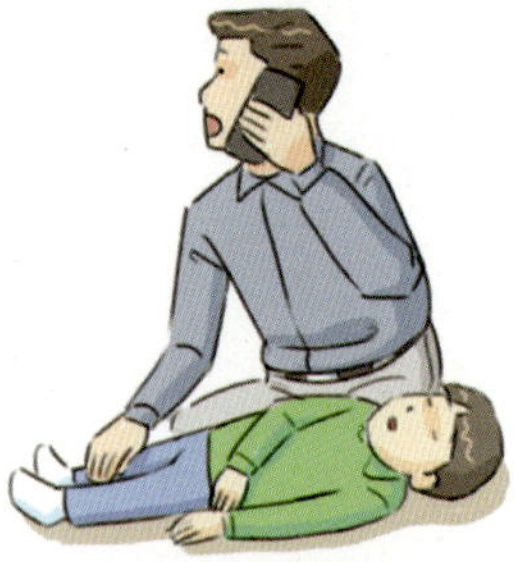
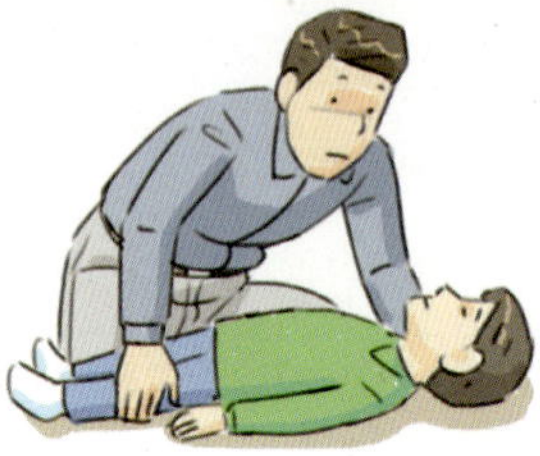

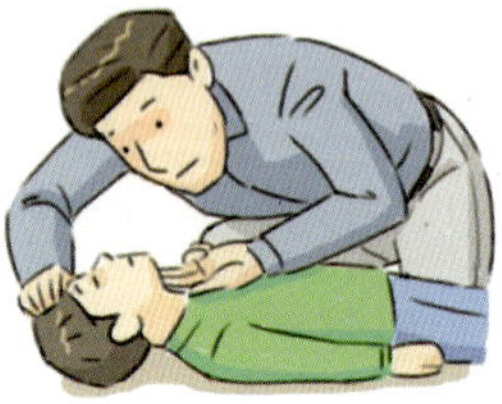
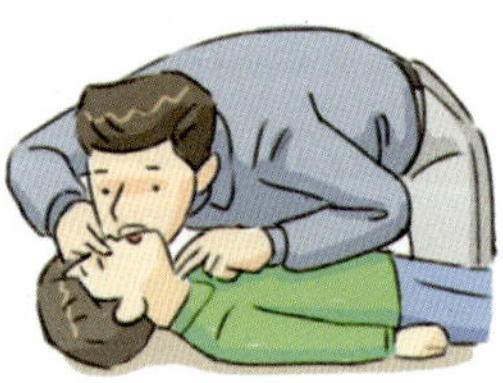

보육시설응급처치 매뉴얼(2009)

부록

안전교육 체험장

(1) 전국의 어린이 교통공원

지역	이름	주소	전화번호
서울	어린이 교통안전교육장	중구 왕십리길 160	02) 2230-6059
	신천 어린이 교통공원	송파구 송파구 신천동 7-15	02) 413-0004
	달마 어린이 교통공원	노원구 중계동 500	02) 950-3976
	새싹 어린이 교통공원	강서구 방화동 581-8	02) 843-8616
	양천구 어린이 교통공원	양천구 신정동 산 74-15	02) 2652-1584
	서초 어린이 교통공원	서초구 양재동	02) 3472-5880
인천광역시	중앙 어린이 교통 공원	인천 남구 관교동 14	032) 880-4778
	동구 어린이 교통 공원	인천 동구 송림동 318	032) 578-4067
	계양 어린이 교통공원	계양구 계산동 1085-1	
	어린이 교통교육	서구 심곡동 281-1	
광주광역시	광주광역시 어린이 교통공원	광주광역시 북구 첨단과학단지 내	062) 972-0053
부산광역시	부산광역시 어린이 교통공원	부산광역시 진구 초읍동	051) 803-3811
대전광역시	뿌리 어린이 교통공원	중구 침산동 뿌리공원길 51	042) 581-4445
	유성구 어린이 교통공원	유성구	
대구광역시	대구 어린이 교통공원	중구 수창동 수창초등학교 내	053) 252-0305
경기도	안양시 어린이 교통공원	안양시 동안구 갈산동 자유 공원 내	031-389-2807
	경찰대학교 어린이 교통공원	용인시 구성면 언남리 산 88	031) 284-5221
	수원시 어린이 교통공원	수원시 영통구 영통동	031) 202-0386
	부천시 어린이 교통나라	부천시 원미구 원미동	032) 666-5988
	성남시 어린이 교통교육장	성남시 중원동 금광1동 황송공원 내	031) 729-5014

지역	이름	주소	전화번호
경기도	고양시 어린이 교통공원	일산동구 백석동 1233	031) 906-7920
	용인시 교통박물관	용인시 처인구 포곡읍 유운리 292	031) 320-9900
전북	도로교통 안전관리공단 어린이 교통공원	전주시 완산구 대성동	063) 284-5402
	군산 어린이 교통공원	군산시 소룡동 1630공단 내	063) 468-4560
전남	정읍 어린이 교통공원	정읍 완산구 대성동	063) 531-7870
충북	청주 어린이 교통공원	청주시 상당구 용암동 2439	043) 297-0074
	제천 어린이 교통체험장	제천시 장락동 672-8	043) 644-5771
	어린이 교통공원	괴산군 괴산읍 서부리 485	043) 834-0567
	단양 어린이 교통공원	단양군 단양읍 상진리 583	043) 420-3366
충남	공주시 어린이 교통공원	공주시 우성면 도천리 34-6	041) 858-3412
	천안 어린이 교통공원	천안시 시민문화회관 성환분관	041) 521-2851
경북	포항 어린이 교통공원	포항시 지곡동 공원내	054) 275-5000
	영천경찰서 어린이 교통공원	영천시 금호읍 원제리 105-1	054) 334-4102
경남	진주 어린이 교통공원	진주시 평거동 695-168	055) 749-2561
	대원 어린이 교통공원	창원시 대원동 대원레포츠 공원내	055) 265-8591
강원도	원주 어린이 교통공원		033) 737-4751
제주	제주 어린이 교통공원	연동 312-58	064) 710-9143

(2) 가상 재난 체험관(www.safe119.seoul.go.kr)

서울시민안전체험관은 화재나 지진, 풍수해 등 각종 재난의 체험을 통해 안전교육을 받을 수 있는 국내 최초의 가상 재난 체험관이다. 서울 어린이대공원 영상관과 사이버 게임장, 화재로 인한 연기 피난방법과 소화기 사용, 응급구조 체험시설, 방재 도서관 등이 들어서 있다. 진도 7까지 가상 지진을 만들어 내는 유압작동 시뮬레이터와 초속 50m의 강풍과 폭우가 몰아치는 상황을 연출하는 대형 송풍기 및 스프링클러, 가스 폭발 등의 장면이 나오는 스크린에 소화기를 분사해 화재 진압 연습을 할 수 있는 특수 장비 등도 갖추고 있다.

(3) 어린이 안전학교(www.isafeschool.com)

어린이 안전학교는 유치원생과 초등학교 저학년생을 대상으로 공동 · 단독주택, 횡단보도, 전화박스, 건물 붕괴 등 18개 교육시설에서 교통안전, 전기 및 가스안전, 베란다 추락사고, 사고 발생 시 신고 요령, 소화기 사용법 등을 체험 위주로 가르친다.

(4) 안전생활실천시민연합(안실련, www.safelife.or.kr)

3~11월까지 전국 7곳의 교통공원에서 매일 교통안전교육을 실시한다. 안전생활실천시민연합의 어머니 교통안전 명예교사과정을 수료한 어머니 안전지도자들이 교육을 맡으며, 학교에서 요청할 경우 방문교육도 해준다.

(5) 이동안전교육체험관(www.isafeschool.com)

서울시는 시민과 어린이들을 위한 안전교육을 위해 다양한 노력을 기울이고 있는데, 이제는 직접 안전체험관에 찾아가지 않고도, 화재나 각종 재난 시 대처방법을 체험할 수 있는 '이동안전체험차량'도 운영한다. 초등학교 저학년까지의 어린이들이 쉽게 이해하고 재미있게 체험할 수 있도록 만들어진 이동안전체험차량은 8.5톤 트럭 뒷부분을 개조해 1, 2층으로 제작됐다. 이 차량은 서울 시내 각 초등학교를 찾아가 한 번에 40~50명 기준으로 안전교육을 실시하게 되는데, 소화기 체험, 열 · 연기 체험, 지진 체험, 가스 · 전기 · 교통안전 체험 등 총 31종의 체험시설을 갖추고 있다. 학기 중에는 초등학교를 돌며 체험 기회를 제공하고, 방학 때는 아파트 단지, 공휴일에는 철도역이나 시민운동장 등 인파가 많은 곳을 순회하며 운영된다.

(6) 세이프키즈 어린이 자전거 안전운전 면허시험(www.safekids.or.kr)

세이프키즈코리아는 초등학생을 대상으로 자전거 안전운전 면허시험을 실시하고 있다. 안전지침을 익힌 후 필기시험과 실기시험을 통해 자전거 면허증을 발급하고 있으며 또한 여름방학 때는 안전캠프를 열고 있다.

참고문헌

강혜원(2003). 소방교육 프로그램이 유아의 화재안전 의식에 미치는 영향. 광주대학교 산업대학원 석사학위청구논문.

강희숙(1993). 어린이 우발사고 요인 및 행위에 관한 연구. 서울대학교 대학원 박사학위청구논문.

경기도보육정보센터(2007). 보육시설에서의 안전교육.

곽은복(2000). 유아 안전교육 프로그램 구성 및 효과에 관한 연구. 중앙대학교 대학원 박사학위청구논문.

곽은복(2000). 유아 안전교육 프로그램 구성 및 효과에 관한 연구. 중앙대학교 대학원 박사학위논문.

곽은복(2001). 영유아를 위한 안전교육 프로그램. 창지사.

곽은복(2001). 유아안전교육 프로그램의 구성 및 효과에 관한 연구. 중앙대학교 대학원 박사학위청구논문.

곽은복(2006). 아동안전관리. 학지사.

곽은복(2008). 교사를 위한 아동안전교육. 창지사.

김성희(2000). 유아안전교육. 창지사

교육과학기술부(2011). 5세 누리과정과정 해설. 교육과학기술부.

교육과학기술부, 보건복지부(2013). 누리과정교사용지침서.

교육부(2000). 건강한 몸과 마음 : 유치원 교육활동 지도자료.

교육부(2000). 유아를 위한 안전교육 지도자료. 교육부.

교육부(2006). 유아를 위한 성교육프로그램. 교육인적자원부.

교육부(2007). 2007 개정 유치원 교육과정해설. 교육인적자원부.

교육인적자원부(2003). 유아를 위한 안전교육자료. 교육인적자원부.

교육인적자원부(2005). 유치원생을 위한 안전교육. 교육인적자원부.

국민일보(2008. 8. 6). 어린이 안전사고 부모 부주의 탓.

권재익(2002). 어린이 안전 사고 실태와 안전제도 개선 방안 : 어린이 안전 환경 조성을 위한 토론회. 한국소비자보호원.

김갑철, 왕순주, 윤선화, 이명선, 이상희, 임승지, 허억(2003). **사례로 살펴본 안전생활**. 교육인적자원부.

김경애(2009). 동화를 활용한 토의활동이 유아의 안전지식 및 안전문제 해결사고에 미치는 영향. 전남대학교 교육대학원 석사학위청구논문.

김경화(2012). **아동건강 및 안전**. 공동체.

김계자(2004). **영유아를 위한 안전교육**. 동문사.

김대현(1991). 소아사고의 실태에 관한 고찰. 전남대학교 대학원 석사학위논문.

김동은(2005). 유아안전교육 활동의 계획과 실행에 관한 연구. 이화여자대학교 교육대학원 석사학위청구논문.

김명화(2007). 유아 통합적 안전교육 프로그램의 효과에 대한 연구. 영남대학교 교육대학원 석사학위청구논문.

김성희(2000). **유아안전교육**.

김수미(2002). 공립유치원의 화재안전에 대한 교사의 인식 및 환경관리 실태조사. 전남대학교 교육대학원 석사학위청구논문.

김승옥(2008). 유아의 인터넷 안전의식 측정도구 개발. 덕성여자대학교 대학원 박사학위논문.

김승현(2005). 유아교사의 안전지식 정도 및 안전연수에 관한 인식과 요구 조사. 이화여자대학교 교육대학원 석사학위청구논문.

김은경(2003). 유아교육기관의 안전교육 실태 및 교사 안전인식에 관한 연구 : 경기도 국공립유치원을 중심으로. 경희대학교 교육대학원 석사학위논문.

김일옥, 이정은(2006). **아동안전관리**. 양서원.

김일옥, 이정은, 박현정(2013). **아동안전관리**. 양서원.

김탁희(2000). 초등학교 안전교육 내용 분석연구-학생의 안전교육 요구도와의 비교를 중심으로-이화여자대학교 대학원 석사학위청구논문.

김해미(2007). 보육시설의 안전사고 실태 및 개선방안에 관한 연구-경기어린이집을 중심으로. 중앙대학교 대학원 석사학위청구논문.

김혜금(2002). 보육시설에서의 유아 안전교육 프로그램 개발을 위한 기초 연구. **동남보건대학 논문집**, 제20권 제2호.

김혜금(2006). 영유아 부모를 위한 가정안전교육 프로그램의 개발과 효과. 연세대학교 대학원 박사학위논문.

남혜경(2001). 보육시설의 영유아 사고 예방을 위한 안전진단과 프로그램 개발. 중앙대학교 대학원 박사학위논문.

대한적십자사(2006). **응급 처치법Ⅱ**. 대한적십자사.

도로교통안전관리공단(2001). **교통안전교사교육 : 유치원**.

도로교통안전관리공단(2001). **어머니가 가르치는 교통안전교육(유아) 부모용.**

도로교통안전협회(1992). **유아의 교통안전지도서 : 유치원 교사용.**

류상제(1992). 학교 안전교육의 방향. 한국안전생활교육회 1993년 겨울호.

민중서림편집국(1992). **에센스국어사전.** 민중서림.

박미경(2011). 동화를 활용한 통합적 안전교육활동이 유아의 이야기 이해 및 안전능력에 미치는 영향. 원광대학교 대학원 박사학위논문.

박성옥, 이영환, 한유미, 곽혜경, 양연숙, 이진숙, 정혜자, 안은숙, 이민경, 김연주(2007). **유아의 건강과 안전.** 창지사.

박성은(2001). 학교의 안전사고 및 안전관리 실태. **중앙간호논문집,** 5(2), 79-88.

박성익, 최영수(1997). **학습의 조건과 교수이론.** 교육과학사.

박순자(2005). 시청각 자료를 이용한 안전교육활동이 유아의 안전문제 해결사고능력 및 안전지식에 미치는 효과. 대구가톨릭대학교 교육대학원 석사학위청구논문.

박순자(2006). 시청각자료를 이용한 안전교육활동이 유아의 안전문제 해결사고능력 및 안전지식에 미치는 효과. 대구가톨릭대학교 석사학위청구논문.

박유영(2004). 동화를 활용한 유아교통안전 프로그램의 효과. 숙명여자대학교 석사학위청구논문.

박은영 (1996). 저소득층 가정의 유아 안전사고 실체 조사연구. 숙명여자대학교 석사학위청구논문.

박진선(2006). 재난능력 향상 방향에 관한 연구 : 재난안전교육을 중심으로. 전북대학교 행정대학원.

박혜숙(2006). **선진국 수준의 아동안전통계 구축방안 연구.** 보건복지가족부.

박희곤(1995). **응급구조학개론.** 대학서림.

박희정(2002). 유아교육기관 교사의 안전교육 실천도에 관한 진단적 연구-PRECEDE 모형을 근간으로.

박희준(2002). 극놀이를 통한 교통 안전 교육이 유아의 교통 안전 문제 해결 사고와 교통 안전지식에 미치는 영향. 중앙대학교 교육대학원 석사학위청구논문.

보건복지가족부(2009). **통계연보.** 보건복지가족부 편집부.

보건복지부(1995). **응급의료관계 법령집.** 보건복지부.

보건복지부(1998). **영유아안전 보육프로그램.** 보건복지부.

보건복지부(2004). **보육시설 교통안전 및 재난대비 교육 프로그램.**

보건복지부(2005). **2005년 아동복지사업안내.**

보건복지부(2011a). **2011 보육사업안내.** 보건복지부.

보건복지부(2011b). **2011 보육시설평가인증지침서(40인 이상 보육시설).** 보건복지부.

서울특별시 교육연구원(1982). **학생안전의 예방과 지도.**

서울특별시(2004). **안전한 보육환경 조성을 위한 안전교육프로그램.** 서울특별시 보육지원과.

서유미(2008). 현장학습을 통한 유아의 교통안전교육이 교통안전 지식 및 문제해결 사고에 미치는 영향. 숭실대학교 교육대학원 석사학위청구논문.

성미영, 민미희, 정현심(2013). **아동안전관리.** 학지사.

세이프키즈코리아(2004). 어린이 안전정보은행. 대교출판.

소방방재청(2005). **우리는 안전 어린이 유아용.**

소방방재청(2009). **재해연보 및 재난연감.** 소방방재청.

손인아(2001). 아동 사고 예방. **한국응급구조학회논문집**, 5, 165-175.

손진희(2006). 극놀이와 그리기를 통한 교통안전교육프로그램의 효과 비교. 경남대학교 교육대학원 석사학위청구논문.

송희정(2005). 유아교육기관의 유아안전 교육활동의 효과에 관한 연구. 충남대학교 대학원 석사학위청구논문.

신동민(1996). **응급심폐소생술.** 수문사.

신상도, 윤선화, 정윤경, 이경선(2011). **영유아 및 아동을 위한 응급처치 매뉴얼.** 한국생활안전연합.

심성경, 이선경, 김경의, 이효숙, 김나림, 허은주(2003). **유아문학의 이론과 실제.** 학지사.

여성가족부(2007). **평가인증조력프로그램.**

여성가족부(2007). **표준보육과정.**

오완숙(2005). 유아안전교육의 방향. 교사를 위한 안전교육연수. 서울특별시교육청 특수분야 직무연수 자료집, pp. 7-21.

오효선(2012). 농촌지역 특성을 반영한 유아안전교육 프로그램 개발 및 효과. 전남대학교 대학원 박사학위논문.

유선미(2004). 이야기 꾸미기를 통한 교통안전교육이 유아의 교통안전 지식 및 사고에 미치는 영향. 경기대학교 교육대학원 석사학위청구논문.

유선희(2003). 통합적 활동을 통한 유치원 교통안전 교육이 유아의 교통안전 지식에 미치는 영향. 이화여자대학교 교육대학원 석사학위청구논문.

유혜경(2000). 유아교육기관의 안전교육 실태조사 및 개선방안에 관한 연구. 경기대학교 교육대학원 석사학위청구논문.

윤선화(2000). 유아교사의 아동 안전지식, 지각 및 실천에 대한 연구. 숙명여자대학교 대학원 석사학위청구논문.

윤선화(2002). 어린이 안전교육 및 홍보 방안. 어린이 안전 환경 조성을 위한 토론회. 한국소비자보호원.

윤선화(2003). 아동 사고 사망 요인에 따른 아동안전정책 분석. 숙명여자대학교 대학원 박사학위논문.

윤선화, 김중식, 이경선, 김문을, 박재영(2004). 안전한 학교, 안전한 생활. 한국산업안전공단.

윤선화, 신현정, 이경선(2003). 어린이 소방안전 교육 교사용 지도서. 한국소방안전협회.

윤선화, 이경선(2011). 유아를 위한 통합적인 안전교육의 실제. 한국생활안전연합.

윤선화, 정윤경(2011). 실외 놀이터와 안전. 한국생활안전연합.

윤선화, 정윤경, 이경선(2010). 영유아를 위한 안전관리. 한국생활안전연합.

윤선화, 정윤경, 이경선, 나미혜, 서용호(2002). 감각을 통한 위험지각능력키우기 프로그램.

윤선화, 정윤경, 이경선, 나미혜, 서용호(2002). 위험지각능력 프로그램.

윤선화, 정윤경, 이경선, 최지혜(2003). 교과와 함께하는 안전교육. 한국산업안전공단.

이경애(2009). 동화를 활용한 토의활동이 유아의 안전지식 및 안전문제해결사고에 미치는 영향. 전남대학교 교육대학원 석사학위청구논문.

이기숙, 강영희(1997). 영유아를 위한 안전교육. 양서원.

이기숙, 장영희, 정미라, 배소연, 박희숙(1997). 영유아를 위한 안전교육과 응급처치. 양서원.

이기숙, 장영희, 정미라, 배소연, 박희숙(2002). 영유아를 위한 안전교육과 응급처치. 양서원.

이기숙, 장영희, 정미라, 윤선화(2011). 영유아 안전교육. 양서원.

이기숙, 장영희, 정미라, 윤선화(2014). 영유아안전교육. 양서원.

이명자(1997). 유아교육기관의 안전에 대한 유아의 지각. 숙명여자대학교 대학원 석사학위청구논문.

이병일(2002). 안전한 교통생활 중학생을 위한. 도로교통안전관리공단.

이소정(2009). 영아교사의 건강, 안전에 대한 지식정도 및 교유요구와 관리 실태. 연세대학교 대학원 석사학위청구논문.

이수영(2000). 응급처치의 이해. 신교당.

이수정(1997). 초등학교 아동의 사고 예방 행동과 사고 발생의 관련성 연구. 이화여자대학교 대학원 석사학위논문.

이영애, 조인경(1997). 안전교육에 대한 보육교사의 인식. 한국영유아교육학회, 12, 219-242.

이은옥, 전명희, 박영숙, 유정희(1990). 응급처치의 원리와 실제. 수문사.

이은혜(2014). 유아교육기관의 안전교육 및 안전사고에 대한 교사와 학부모의 인식. 한양대학교 석사학위청구논문.

이은화, 김영옥(1993). 유아사회교육. 양서원.

이인숙(2004). 동화짓기 활동을 통한 안전교육이 유아의 안전문제 해결사고와 안전지식에 미치는 효과. 대구가톨릭대학교 교육대학원 석사학위청구논문.

이재연(1988). 아동발달. 문음사.

이재연, 윤선화 외(2004). **보육시설 교통안전 및 재난대비교육 프로그램**. 보건복지부.

이재연, 윤선화, 정윤경(2008). **어린이안전교육프로그램 연구**. 소방방재청.

이재항(2002). **안전한 교통생활 고등학생을 위한**. 도로교통안전관리공단.

이종경(2001). 유아안전교육에 대한 교사의 인식조사. 한국교원대학교 교육대학원 석사학위논문.

이형엽(2002). 학교안전사고와 성격특성과의 관계. 한국체육대학교 교육대학원 석사학위논문.

이혜정(2015). **아동안전관리**.

이혜진(2007). 초등학생 학교안전사고의 성별 위험행동특성. 이화여자대학교 대학원 석사학위청구논문.

이화여자대학교 인간발달연구소(1971). **안전교육지침**. 교육출판사.

이화영(2008). 유아교육기관의 놀이안전교육을 위한 기초조사 및 프로그램 개발. 덕성여자대학교.

임미혜, 조숙경, 지명숙, 채혜선(2005). **영유아 건장 및 안전교육**. 양서원.

임변희(2002). 유아안전교육에 대한 교사의 인식조사. 호서대학교 행정대학원 석사학위청구논문.

장영희, 윤선화 외(2003). **유아 교통안전 및 부모안전교육프로그램 개발**. 교육인적자원부.

장영희, 윤선화, 정윤경, 이혜경, 윤서연(2003). **부모 안전의식 강화를 통한 어린이 안전사고 감소방안에 관한 연구**. 사단법인 한국생활안전연합.

장영희, 정미라, 배소연(1997). 유아교육기관의 안전교육 실태, **유아교육연구**, 17(1), 23-44.

전춘옥(1997). 초등학교 학내 사고에 관한 연구. 한국 교원대 학교 교육대학원 석사학위논문.

정미라, 배소연(1999). 유아교사의 안전지식의 정도에 대한 연구. **유아교육연구**, 19(1). 189-205.

정선아(2009). 극놀이를 통한 교통안전교육 프로그램이 유아의 교통안전지식 및 교통안전행동에 미치는 영향. 전남대학교 교육대학원 석사학위청구논문.

정수남(2011). 기표원, 안전사고 예방 포스터 배포. 아이뉴스 24뉴스. 2011년 5월 23일.

정아란(2013). **아동안전관리**. 공동체.

정우승(2005). 학교안전사고 실태분석과 그 예방을 위한 방안모색 : 부산광역시 교육청 소속 안전사고 실태를 중심으로. 부산외국어대학교 교육대학원 석사학위논문.

정윤경(2005). 신변안전교육의 실제. **교사를 위한 안전교육 연수 자료집**. 한국생활안전연합.

정재순(1997). 기본생활습관 교육을 위한 교수전략이 유아의 기본생활습관의 형성에 미치는 효과. 교원대학교 대학원 석사학위청구논문.

정정옥, 임미혜(2010). **유아교육기관에서의 안전교육**. 창지사.

정혜인(2008). 초등학생의 안전교육 경험에 따른 사고위험행동 수준 놀이, 스포츠안전을 중심으로. 이화여자대학교 대학원 석사학위청구논문.
정희영, 윤선화 외(2003). **생활주제와 함께하는 안전교육**. 한국산업안전공단.
정희영, 윤선화, 정윤경, 이경선, 나미혜(2003). **생활주제와 함께하는 안전교육**. 한국산업안전공단.
조태길, 이원용, 이상의, 강혜원, 손안선, 최장기(2000). **취학 전 아동의 소방안전 교육**. 광주소방안전본부.
조희연, 조경자, 김진선, 정동희(2011). **아동안전관리**. 동문사.
중앙보육정보센터(2008). **평가인증조력프로그램 건강과 영양**, 안전. 중앙보육정보센터.
지미영(2000). 학교사고의 위험요인 분석. 관동대학교 교육대학원 석사학위논문.
채영란, 남규(2011). **아동건강 안전교육**. 문예미디어.
채혜선, 임미혜(2011). **영유아안전교육**. 양서원.
청대초등학교병설유치원(2002). 경기도교육청 지정 연구유치원 운영 보고서 : 교수 · 학습 활동을 통한 안전생활 습관형성.
최명해(2001). 유치원 안전사고의 환경적 요인과 안전교육에 대한 실태분석. 대구가톨릭대학교 대학원 석사학위청구논문.
최민수(2001). **부모와 교사를 위한 영유아 건강과 안전**. 학지사.
한국국공립유치원교원연합회(1999). **유아를 위한 안전한 교통생활**. 한국국공립 유치원교원연합회.
한국산업안전공단(1996). **안전보건교육지도안- 초등학교 교사용**.
한국산업안전공단(2002). **생활주제와 함께하는 안전교육 유아용**.
한국산업안전공단(2003). **교과와 함께하는 안전교육**.
한국산업안전공단(2003). **생활주제와 함께하는 안전교육**. 한국산업안전공단.
한국산업안전관리공단(2000). **유아교사용 안전교육 지도서**. 한국산업안전관리공단.
한국생활안전연합(2005). **낯선 사람은 따라가지 않아요**.
한국생활안전연합(2005). **어린이 유괴사고예방을 위한 유괴예방교육매뉴얼**. 한국생활안전연합.
한국생활안전연합(2006). **교통안전그림책**. 한국생활안전연합.
한국생활안전연합(2007). **우리 아이가 안전한 가정 만들기**.
한국생활안전연합(2009). **유아를 위한 유괴예방 교수자료**. 한국생활안전연합.
한국생활안전연합(2010). **영유아 부모대상 아동안전사고 예방 및 응급처치 교육 매뉴얼**. 한국생활안전.
한국생활안전연합(2010). **우리는 안전 어린이(유아용) 개정증보판**. 소방방재청.
한국소방안전협회(2003). **어린이 소방안전 교육 교사용 지도서**.
한국소비자보호원(1996). **가정 내 어린이 안전사고 실태 및 대책**. 한국소비자보호원 소비자안전국.

한국소비자보호원(2003). 어린이 안전 선진화 종합대책. 한국소비자보호원.

한국소비자보호원(2007). 어린이안전원년 선포기념 토론회.

한국소비자보호원(2008). 2007년 어린이 안전사고 유형별 실태조사.

한국소비자원(2007). 어린이안전토론회.

한국소비자원(2010). 가정 내 어린이 안전사고 유형별 실태조사. 한국소비자원.

한국어린이육영회 연수원(1997). 유아안전교육 : 1997년도 교원워크숍.

한국어린이육영회(2004). 유아를 위한 안전교육 활동 자료집. 한국어린이육영회.

한백연(2000). 보육시설 안전환경에 대한 인식. 건국대학교 대학원 석사학위청구논문.

행정안전부(2008). 2008학년도 어린이 안전사고예방을 위한 가이드 북(교사용). 행정안전부.

홍혜경, 지성애, 김영옥(1998). 영유아보육시설의 안전사고현황 : 농어촌 비역을 중심으로. 한국영유아보육학회, 13, 315-340.

황정연, 강경희, 이승한(2000). 응급처치와 심폐소생술. 한미의학.

Alexander, K. A.(1992). *Accidental injuries in childhood : Comparison of the contributions from parents and children.*

American Academy of Pediatrics(1997). *Injury Prevention and Control for Children and Youth.*

American Red Cross(1992). *Be Ready 1-2-3 : The Be Ready Book and Behavior Problems.* Sanfrancisco : Jossey-bass Publishers.

Barbara Pimento, Deborah Kernested(2000). *Healthy Foundations in Child Care.* Nelson Thomson Learning.

Berk, L, B.(1994). *Infant and children prenatal through middle childhood.* Allyn & Bacon.

Bertnett, D. W. & Carey. K. T.(1992). *Designing Interventions for Preschool learning.*

California AAA(1995). *My Own Safety Activity Booklet.*

Cathie Robertson(2003) *Safety, Nutrition, ank Health in Early Education.* Delmar.

CISS(한국소비자위해감시시스템)(2009). www.kca.go.kr

Cornacchia, H. J., Olsen, L., & Nickerson, C. J.(1991). *Health in elementary school.* St.Lois; Mosby-Year Book.

DETR(1998). *Road safety Education In School-Secondary Schools.* DETR.

Green L. W., Kr euter M. W.(1999). *An Edu cat ional an d Ecological Approach,* 3rd ed, Mayfield publishing Company

Green L. W., Kreuter M. W., Deeds .S .G., Part ridge. K. B.(1980). *Health education.*

Heinrich, H. W.(1980). *Industrial accident precention : A scientific approach*. New York : McGraw-Hill.

Hendrick, S. C. & Smith, C. J.(1996). *Transforming Health Curriculum. In S. Bredekamp & T. Rosegrant(eds.)*, Reaching Potentials : Transforming Early Childhood Curriculum and Assessment(vol 2).

http://www.silverhospital.net/sangsik/emergency/e2.htm

Kendricks A. S., Kaufmann, R., & Messenger, K. P.(1988). *Healthy Young Children : A mamual for Programs*. NAEYC.

Learning and Behavior Problems. *Sanfrancisco : Jossey-bass Publishers.*

Marland, S. K., James, A. E., Ralph, B. C., & John, E. R.(1973). *Fundamentals of safety education (2nd ed.)*. New York : Macmillan.

Miller, D. F.(1995). *Safety : Principle sand Issues*. Madison : Brown & Benchmak.

Morrison, G. S.(1998). *Early childhood education today(7th ed.)*. NJ : Prentice-Hall Inc.

NAEYC. Marland, S. K., James, A. E., Ralph, B. C., & John, E. R.(1973). *Fundamentals of Safety Education(2nd ed.)*. New York : Macmillan Co.

planing A dignosic Approach, 1st ed, Mayfield publishing Company

Qualifications and Curriculum Authority(1999). *The review of the national curriculum in England.* DfEE.

Robertson, C.(1998). *Safety, Nutrition, and health in early education*. Delmar Publishers.

Spodek, B., & Saracho, O. N.(1995). Children's play and early childhood education : Insights from history and theory. *Journal of Education, 177*, 129-148.

www. childsafetyeurope.org

세이프코리아 http://www.safekids.or.kr

소방방재청 http://www.nema.go.kr

식품의약품안전처 http://www.mfds.go.kr

어린이안전넷 http://www.isafe.go.kr

어린이집 안전공제회 http://www.csia.or.kr/csia-board/ebook.do

여성동아 http://women.donga.com

행정안전부 http://www.mopas.go.kr

찾아보기

〈인명〉

〈내용〉

ㄱ

ㄴ

ㄷ

ㅁ

ㅂ

ㅅ

저/자/소/개

■ **이혜정**

총신대학교 유아교육학과(문학사)
총신대학교 대학원 유아교육학과(문학석사)
총신대학교 대학원 기독교유아교육학과(철학박사)
현, 백석문화대학교 유아교육과 교수

■ **임미혜**

덕성여자대학교 유아교육학과(문학사)
이화여자대학교 교육대학원 교육학과 유아교육 전공(교육학 석사)
서울여자대학교 대학원 아동학과 유아교육 전공(문학박사)
전, 경북전문대학교 유아교육과 교수
백석문화대학교 사회복지학부 교수
현, 백석예술대학교 유아교육과 외래교수

아동안전관리

1판 1쇄 인쇄 — 2016년 8월 15일
1판 1쇄 발행 — 2016년 8월 20일

저　　자 - 이혜정　임미혜
발 행 인 - 강 철 원
발 행 처 - 양 성 원
주　　소 - 경기도 파주시 월롱산로 71
전　　화 - 031-946-3861(代)
팩　　스 - 031-946-3864
홈페이지 - tnwpub.co.kr
이 메 일 - tnwpub@naver.com
출판등록 - 2015년 8월 31일 제 2015-000211 호

ISBN 979-11-87118-65-7

정가 18,000원